왓처

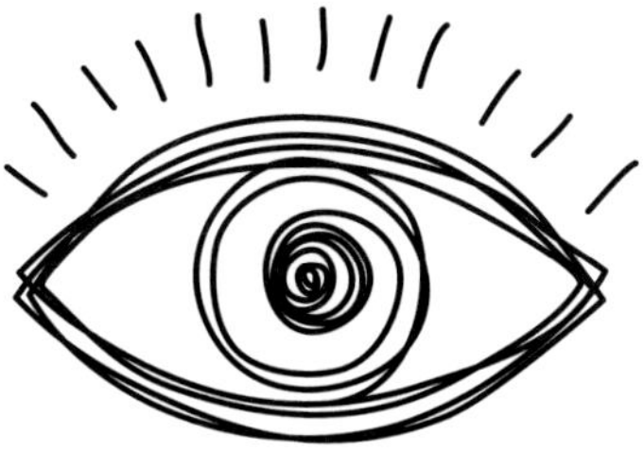

WATCHER

생각을 뛰어넘는 능력자 되기

윤석준 지음

왓칭하우스

오늘, 당신의 마음은 안녕한가요?

평생 당신과 붙어있는 마음,

그 마음 때문에 괴롭나요?

괴로운 생각에서 즉시 벗어나

고통스러운 감정을 치유하고,

당신 안의 능력자를 만나서,

당신이 원하는 삶을 누릴 수 있어요.

능력이 부족하다는 생각을 뛰어넘는

사랑이 부족하다는 생각을 뛰어넘는

당신은 하찮은 사람이 아닌,

가장 크고 아름다운 존재.

당신이 '왓처'이기 때문입니다.

오른쪽의 '나의 확신' 글을
매일 3번씩 리듬감 있게 낭송하면
당신의 소중한 인생이
변화될 것이다.
아름답게.

이때 자신도 들을 수 있게
소리 내어 말하면
더 효과적이다.

나의 확신

나는 지금 여기서 정말 좋아, 완전한 행복 속에 있지.
삶의 모든 면에서 무한한 힘을 느끼고 있어.
원하는 걸 마음껏 누릴 자유를 만끽하고 있다고.

내가 가치 있다는 걸 알고, 걱정도 다 놓아주었지.
열정으로 풍요로운 리듬을 타며 즐기고 있어.
애쓰지 않아도 여유롭게 모든 일들이 술술 풀려나가.

난 스스로를 믿고, 있는 그대로의 나를 사랑해.
지금 완벽하게 건강한 나의 몸을 느끼고 있지.
아름답고 생기 있는 몸과 마음에게 감사해.

난 나를 위해 미래가 잘 준비되어 있다는 걸 알아.
정말 최상의 것들이 나에게 올 거거든.
난 내 인생의 완벽한 주인공, 가슴 벅찬 나에게 감사해.
앞으로 영원히 빛나며 끝없는 행복을 누릴 거야.

정말 고마워! 사랑해! 행복해!

| 프롤로그 |

당신의 인생을 역전시킬 방법, 지금 확인해보지 않겠는가?

쾅! 다시 인생의 밑바닥으로 내동댕이쳐졌을 때였던 것 같다. 머리를 해머로 한 방 크게 맞은 것처럼 멍해졌다. 잠시 후 정신이 돌아오자 이런 질문들이 쏟아졌다.

'왜 내 인생은 이렇게 안 풀리지? 어떻게 살아야 하는 거야? 도대체 뭐가 문제지?'

오히려 극단적인 상황이 나를 삶이 무엇인지에 대한 문제로 몰아갔다. 그리고 그 답을 찾는 긴 여정이 시작되었다. 그 뒤로는 무기력과 우울증으로 언제 끝날지 모르는 괴로운 시간이 끝없이 흐르고 흘렀다. 너무 무서웠다. 나는 혼자였다. 할 수 없이 자신을 돌아보고 또 돌아볼 수밖에 없었다.

그러고 보니 나는 평생 능력이 부족하다는 생각을 가지고 살았다. 무엇을 해도 자신감을 가지고 한 적이 없었다. 망할 것 같다는 생각도 수시로 했었다. 그렇게 나를 믿지 못하고 비난하기 바빴다. 왜 그렇게 나 자신에게는 관대하지 못했을까? 왜 나에게만 그랬을까? 그러자 눈물이 갑자기 터져 나와 한없이 흘렀다. 그 순간 느껴졌다.

'내 인생이 실패로 떨어지자 계속 밖의 것만 바꾸려 했구나. 내 안의 마음에 대해서는 전혀 모르면서…'

나는 그전까지 거꾸로 알고 있었다. 밖의 상황이 계속 변화하다 보니 그것을 좇으며 나를 닦달하며 몰고 가고만 있었다. 그러나 모든 것은 마음에서부터 일어나 그것이 내 세상에 영향을 미쳤던 것이다. 우선 내 마음부터, 나를 깎아내리는 부정적인 생각부터 내 발목을 붙잡지 않도록 해야 한다는 것을 알았다. 그 뒤로 그런 생각들을 이겨내고 다룰 방법을 찾고 또 찾았다. 그러던 중 오랜 시간 끝에 드디어 누구나 쉽게 할 수 있는 방법을 알아냈다. 그런데 더 놀라운 것은, 그 방법으로 생각이 사라지자 그 뒤에는 더 크고 무한한 능력자가 존재하고 있었다.

나는 과학자도 아니고 심리학자도 아니고 더구나 의사도 아니다. 그냥 평범한 사람이다. 그래서 솔직히 더 걱정된다. 인생 역전의 방법을 알려준다고 하면 믿어줄까?

'뭐? 인생을 역전시켜줄 방법이 있다고? 그게 정말 가능해?'

지금 이 글을 읽는 당신도 이렇게 생각할지 모르겠다. 헌데, 이것이 바로 '생각'이다. 우리가 매일 하는 생각, 이 생각을 잘 따져보아야 한다. 당신은 생각 때문에 괴로운 적이 없었는가? 나도 처음에는 잘 몰랐다. 그런 생각들이 나를 망치고 있다는 사실을. 하지만 생각을 살펴보다 보니 그런 생각들이 나의 머릿속을 차지하고 나를 부정적인 쪽으로 몰고 가고 있었다. 그렇게 자신감을 계속 잃게 했다. 자존감마저도 나락으로 떨어지게 했다. 당신도 그런 생각에 속고 있었다면 그 생각이라는 방해물을 넘어서야 한다. 그것을 치울 수만 있다면 머릿속이 다시 맑아지며 기분이 좋아지게 될 것이다. 게다가 생각을 뛰어넘는 능력자를 만나게도 될 것이다. 그때는 인생 역전은 말할 것도 없고 당신의 문제가 풀리며 행복해지는 것이 당연한 일이 된다.

자! 그래도 믿을 수 없다면 지금 그 방법이 되는지 확인해보는 것은 어떤가? 나는 자신이 있다. 바로 당신의 머릿속에서 그런 부정적인 생각들이 깨끗이 사라지게 만들 수 있다.

방법은 아주 간단하다. 생각에는 치명적인 약점이 있다. 당신이 머릿속에서 생각을 찾아내려고 할수록 생각은 도망가 버린다는 점이다. 지금 바로 한번 해보자. 생각을 하는 것이 아닌, 생각을 보는 새롭고 놀라운 경험을 꼭 해보길 바란다.

1. 숨을 크게 한 번 쉬고, 눈을 감고 당신의 머릿속을 들여다본다.

2. 이때 "내가 지금 무슨 생각을 봤지?"라고 질문해, 방금 어떤 생각을 했는지를 알아낸다.

3. 그 생각은 그대로 놔두고, 머릿속에서 다른 방향으로 계속 생각을 찾아보면, 잠시 후 생각이 모두 사라져 머릿속이 깨끗해진다.

어떤가. 어떤 느낌인가. 이것을 '생각클리어'라고 한다. 아무것도 모른 채 무작정 해 본 것에서 조금이라도 가능성을 느꼈다면, 이 책을 보며 처음부터 차근차근 같이 공부해보는 것은 어떤가.

기적은 항상 큰 위기 속에서 나타나는 법. 당신의 앞에 이 책이 기적처럼 나타났듯이 당신 안에 잠자고 있던 그 기적 같은 힘을 나와 함께 깨워보지 않겠는가. 그리고 드러내어 사용해보지 않겠는가. 없는 것이 아니다. 부정적인 생각과 감정에 가려 보이지 않았을 뿐, 그것을 치워줄 방법이 '왓칭'이다. 왓칭을 할 때, 즉 바라볼 때 당신은 '왓처'가 된다. 그리고 그때 놀랍게도 생각을 뛰어넘는 능력을 실제로도 발휘하게 된다.

여기 닭과 독수리가 있다. 그 둘은 위험이 다가올 때 전혀 다른 반응을 보인다. 폭풍이 몰려오는 순간 닭은 날개에 몸을 묻고 숨어버리나, 독수리는 거대한 날개를 활짝 펴 폭풍의 거센 바람을 타며 유유히 안전한 곳으로 날아간다. 이제 자신에게 스스로 묻자.

"나는 독수리인가? 아니면 닭인가?"

"1층에서 힘들게 눈치를 보며 살고 있는가? 아니면 2층에서 여유롭게 세상을 굽어보고 있는가?

대부분의 사람은 세상을 숨 막히는 전쟁터라 여기며 투쟁적으로 산다. 남의 것을 빼앗아야 하며 내 것을 빼앗기지 않아야 생존이 가능하다고 생각한다. 이러한 생각으로 사는 이들이 1층에 살고 있다면, 불행히도 더 깊은 지하실에 숨어 인생을 포기하고 비참하게 사는 사람들도 있다. 그러나 지금부터 당신이 예전에 어디에 있었는지는 중요하지 않다. 왓칭을 통해 세상을 널리 굽어볼 수 있는 더 상위층으로 올라갈 수 있기 때문이다. 그러면 지금 당신이 처한 상황에서 빠져나와 자신이 원하는 꿈을 이루거나 삶의 지혜로운 답을 스스로 구할 수 있게 될 것이다.

이 책은 베스트셀러 〈왓칭〉을 읽고 그 실천법을 찾아 8년간 온라인에서 카페를 운영하고 강의하며 터득한 왓칭 실천방법인 생각클리어, 감정클리어, 왓처명상 등을 통해 생각을 뛰어넘어 능력자가 되는 방법을 담고 있다. 3년 전에 처음 낸 책의 부족한 왓칭방법을 보강해 더욱 완성된 방법으로, 이번에 전면 개정판을 내게 되었다.

지금 돌아보면, 내게 다가온 시련은 나를 멈추게 한 것이 아니라 오히려 더 강하게 해주었다. 아니, 물처럼 유연하게 흐르게 했다. 가슴으로 깨닫게 해주었다. 누구나 자신의 내면에는 무한히 큰 힘과 사랑이 있다. 그리고 그것을 가리고 있는 생각과 감정만 잘 다룬다면 누구나 진정한 행복 위에 흔들리지 않고 서 있을 수 있게 된다.

글 쓰는 솜씨가 전혀 없음에도 이 책을 쓴 것은 나와 같이 능력이 부족하다는 생각으로 힘든 사람들에게 '누구에게나 능력이 있다'는 진실을 깨닫게 해주기 위함이다. 오직 그 생각 하나로 썼다. 앞으로 당신이 왓처의 능력을 발휘해 인생역전의 꿈을 이룰 수 있게 되기를 진심으로 바란다.

2019년 5월

윤석준

차례

세 번째 무지개

당신이 왓처로 가는 법

_왓처

네 번째 무지개

당신이 인간 그 이상이 되는 법

_왓처명상

일곱 번째 무지개

당신의 모든 것이 아름다워지는 법

_자기사랑 & 감사

《왓처2》 예고

《부록》

첫 번째 무지개

당신이 능력자가 되는 법

왓칭 & 생각클리어

W A T C H E R

나는 완벽하며 당신도 완벽합니다,
우리는 모두 다 완벽합니다.

세상이 복잡하게 보이는 것은
내 마음이 복잡한 것이고,

세상이 살기 힘들게 보이는 것은
내 마음이 살기 힘든 것이다.

당신에게 왓처가 필요한 이유

나는 한 피아니스트를 뚫어져라 바라보고 있다. 조성진, 2015년 쇼팽 콩쿠르에서 1위를 한 연주자다. 그는 지금 피아노 연주에 완전히 몰입돼 가고 있다. 아름다운 음악과 하나 되고 있다. 어느덧 시간이 멈춘 듯 무아지경이 된 순간, 그의 모든 생각이 사라져 버렸다. 지금 자신의 손가락이 어떻게 건반을 때리고 있는지, 지금 자신의 얼굴이 얼마나 일그러지고 있는지, 지금 관객들이 얼마나 자신의 연주에 빠져 있는지 그는 아무런 생각이 없다. 다만, 쇼팽의 황홀하고 감미로운 선율이 흐르고 있을 뿐. 그것을 본 나도 아찔한 전율이 소름이 돋듯 온몸을 쓱 감싸온다.

'아! 이런 가슴 짜릿한 순간을 뭐라 말해야 할까….

당신도 아주 가끔은 그런 가슴 벅찬 순간을 경험해 보았으리라. 혹시라도 없었다면 지금이라도 조성진의 피아노 연주를 듣고 그 느낌에 빠져보는 것은 어떨까(유튜브에서 조성진 연주 영상 참고).

누구나 그런 몰입의 순간으로 넘어가면 '안 될 것 같아!'라는 생각에서 벗어나 음악가가 아닌 사람도 음악가가, 시인이 아닌 사람도 시인이, 화가가 아닌 사람도 화가가 된다. 그 순간만큼은 보통 사람도 생각을 뛰어넘어 능력자로 껑충 뛰어오르게 되는 것이다. 이처럼 우리 안에는 자신이 생각지도 못한 위대한 힘이 있다.

또한 그 순간에는 모든 두려움이 사라져 버린다. 내면의 밝고 높은 에너지 속에 충만한 기쁨이 자신의 괴로움을 녹여버리는 것이다. 걱정도 어느새 잊혀 버린다. 오로지 가슴 벅찬 환희의 황홀함만이 가득하다. 그것이 이 책《왓처》에서 가려는 최종 목적지다. 그럴 때 최고의 힘을 끌어내어 자신의 꿈을 이룰 수 있다. 마음을 다루어 평화 속에 깊게 휴식할 수 있다. 이를 실현해주는 방법이 왓칭이며 왓칭을 하고 있는 나, 그 '나'가 바로, 이 책의 제목인 '왓처'이다. 그럼 지금부터 왓칭, 그 비밀의 문을 함께 열어보자.

나의 왓칭 수업을 들었던 수강생 중에 승무원 시험을 앞둔 여학생이 있었다. 키도 크고 외모도 준수했다. 하지만 그녀는 늘 자신감이 없는 것이 문제였다. 또한 발표하는 게 두려워 면접을 앞두고 많이 걱정스러워했다. 그러곤 왓칭으로 이것을 바로 해결했으면 좋겠다고 했다. 그래서 내가 그녀에게 물었다.

"지금, 어떤 생각 때문에 제일 괴로워요?"

"네?"

그녀가 되물었다. 생각에 대해 별로 생각해본 적이 없는 것 같았다. 그녀가 잠시 후 작은 목소리로 대답했다.

"아… 네, 이번에 안 되면… 취준생으로 또다시 돌아갈 엄두가 안 나요. 그래서 너무 무서워요."

고개를 끄덕여주며 내가 다시 물었다.

"집에 도둑이 들면 어떻게 해야죠?"

"네??"

질문이 엉뚱했는지 그녀는 미소를 띠었다가 잠시 후 좀 자신 있는 말투로 대답했다.

"뭐, 그야… 도둑을 빨리 내쫓아야죠. 119를 부르던가요. 아니, 경찰은 112인가요?"

내가 다시 물었다.

"네, 맞아요! 그런데 당신은 왜 '시험이 무섭다'는 그 생각은 내쫓지 않죠?"

"네???"

그녀가 또다시 세 번째 '네'를 했다. 그런 후 내가 설명을 해주자 그제야 마음이 놓인다고 말하며 고맙다는 인사를 했다. 그때 그녀에게 나는 이렇게 간단히 생각을 다루는 왓칭을 설명해주었다.

"당신의 머릿속에 들어온 나쁜 생각도 도둑과 같은 거예요. 도둑은 들키면 깜짝 놀라서 줄행랑을 치죠. 그것처럼 생각도 당신이 바라보면 놀라서 도망가게 되어 있어요. 그것이 '왓칭'이에요."

놀랍지 않은가? 이런 사실을 몰랐던 우리는 지금까지 도둑(부정적인 생각)과 함께 한집에서 살아온 셈이다. 험악한 도둑과 서로 부딪히며 살다 보니 무섭고 힘이 들었던 것이다. 그때 도둑은 자신을 도둑으로 바라보지 않자, 당신의 집(머릿속)에서 떠나지 않고 오히려 주인 행세를 했다. 그러면서 당신에게 매번 이렇게 지적을 했을 수도 있다.

'도대체 잘하는 게 뭐야! 왜 이렇게 게을러. 그래서 카드값이나 제때 갚겠어. 남들은 잘나가는데 늘 왜 이 모양이야! 한심해!'

어떤가? 이것이 대부분 우리들의 현실이 아닌가. 우리 인생이 블랙코미디가 된 이유 중 하나는 이처럼 부정적인 생각을 내쫓지 못하고 그것에 주눅이 든 것에도 있다. 그러나 지금부터는 그렇게 힘들게 살 필요 없다. 부정적인 생각이라는 도둑놈이 당신의 머릿속을 발칵 뒤집어 놓고 괴롭히지 않게 할 수 있다. 머릿속에서 부정적인 생각을 발각하면(알아보면) '왓칭'을 해서 그 생각(도둑)이 깜짝 놀라 스스로 도망치게 하면 된다. 왓칭은 이렇게 생각을 움직일 수 있는 힘을 가지고 있다. 그렇다면 왓칭으로 어떻게 마음을 다룰 수 있다는 것인가. 좀 더 자세히 알아보자.

왓칭으로 마음을 다루는 원리

왓칭(watching)은 말 그대로 바라보는 것, 여기에서는 생각과 감정, 즉 마음을 바라보는 것을 말한다. 그런데 생각을 바라본다고? 그것은 어떻게 하는 것일까? 왓칭 수업에서 수강생들이 가장 첫 번째로 질문

하는 것이 이것이다.

우리는 늘 생각을 하며 살고 있다. 지금 내가 당신에게 "지금 무슨 생각을 했죠?"라고 질문했다고 하자. 그러면 당신은 자신의 머릿속에서 방금 떠오른 생각을 말할 것이다. 예를 들어 방금 '나도 왓칭을 할 수 있을까?'라는 생각이 들었다면 그렇게 대답할 것이다. 이때 당신이 대답한 것처럼 '나도 왓칭을 할 수 있을까?'라는 그 생각을 당신이 본 것이다. 위의 그림처럼 그것이 생각을 본 것, 즉 왓칭한 것이다. 이처럼 당신은 생각을 볼 수 있는 능력이 있다. 평소 누구나 다 하는 것이다. 이처럼 생각을 했다, 생각이 떠올랐다, 생각이 났다, 생각이 들었다, 생각이 스쳤다고 하는 것이 모두 생각을 본(왓칭) 것과 같다.

'아, 왓칭이라는 게 별개 아니구나.'

이어서 이런 생각도 머릿속에 들었다면(했다면) 당신은 지금 바로 그 생각을 바라본(왓칭) 것이다. 다시 한번 더 말하면 당신의 머릿속에 방금 어떤 생각이 들었는지 알게 된 것을 '왓칭'이라고 한다. 어렵게 생각할 필요 없다. 또한 방금 전, 어렵게 생각할 필요가 없다는 것, 그것도 생각이고, 여기에 적힌 모든 것이 필자의 생각을 본 것을 쓴 것이며, 우리가 그 생각을 지금 왓칭하고 있는 중이다. 이렇듯 왓칭이란 것은 생각을 본 것을 표현한 단어일 뿐이다. 특별한 것이 아니며 누구나 할 수 있는 것임을 알아야 한다. 그러면 왓칭으로 마음을 다루는 원리에 대해 알아보자. 우선 왓칭을 하게 되면 부정적인 생각에서 벗어나 평온한 마음을 되찾을 수 있다. 그럼 그것이 어떤 원리로 가능한지 알아본다.

지금은 면접장 앞이다. 앞서 글에서 언급했던 그 승무원 지망생이 당신이라고 상상해보자. 당신은 지금 인생이 바뀔 수도 있는 중요한 면접을 앞두고 있다. 그러면 심장이 쿵쾅쿵쾅 빠르게 뛸 것이다. 소화가 잘 안 되며 가슴이 답답할 수도 있다. 잠시 뒤 면접에서 혹시나 실수해 떨어지지는 않을까 무척 두렵다. 방금 그런 생각이 들었다면(했다면) 그것을 당신이 왓칭한 것이다. 바로 앞서 설명한 대로다. 그렇다면 왓칭으로 그런 두려운 생각에서 어떻게 벗어날 수 있을까? 아래와 같이 간단한 그림과 함께 보면 더 이해하기가 쉽고 빠를 것이다([ ]은 생각을 표시한 것이다).

나는 [두려운 생각]이 든다.

먼저 왓칭을 모르는 사람들이 생각하는 대로 표현해보았다. 이것을 보면 내가 두려워하는 생각, 그것으로 느껴진다. 왜냐하면 그 두려움이 나와 동일시가 되었기에 실제로도 두렵게 되는 것이다. 그럼 왓칭하는 사람은 이때 어떻게 보는지 아래에 써보자.

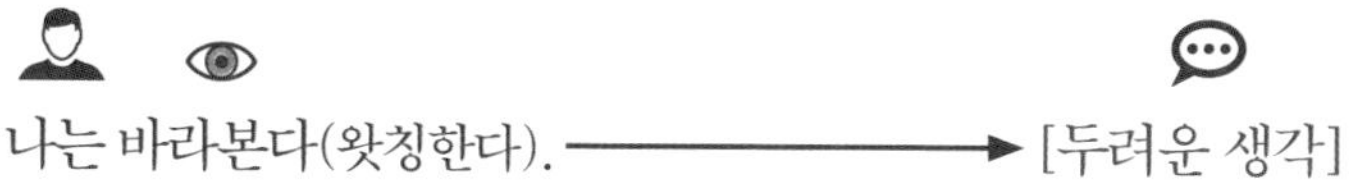

위에서 왓칭하는 나는 [두려운 생각]과 떨어져 그것을 바라보고 있다. 이처럼 왓칭을 한다는 것은 생각이 자신에게서 떨어진 상태이다. 만약 왓칭을 모르는 사람이 생각하는 대로 두려운 생각과 붙어있어서 하나가 된 상태면, 본다는 것이 성립되지 않는다. 이렇게 [두려운 생각]이 나와 떨어져 있으므로 그것을 볼 수 있게 된 것이다. 이것은 [두려운 생각]과 나를 동일시하지 않는다는 의미다. 그렇다면 이럴 때 나는 그 [두려운 생각]에서 어떻게 벗어날 수 있다는 걸까?

그것은 에너지의 관점에서 살펴보면 바로 이해할 수 있다. 아인슈타인 박사가 말했듯이 모든 것은 에너지이다. 생각도 에너지이기에 나에게서 에너지를 받지 못하면 자체 에너지가 모두 소진되는 순간, 자동으로 사라지게 된다. 이때 생각이 에너지를 받지 못하게 되는 것은 생각이 나와 분리된 상태이기 때문이다. 핸드폰도 전원과 분리되면 에너지를 받을 수 없는 것처럼 말이다. 반대로 내가 생각을 계속한다는 것은 내가 생각에 에너지를 공급하는 것이다. 그러면 그 생각의 에너지는 더 커지게 된다. 하지만 그런 사실을 모르는 우리는 생각을 계속하면서 생각에 우리의 귀한 에너지를 빼앗기고 있었다.

예를 들어 화가 나는 생각을 계속 이어서 할수록 화는 더 커지는 반면, 우리는 에너지가 떨어져 기운이 쏙 빠져 버리게 된다. 우리의 에너지가 생각으로 옮겨간 것이다. 잘 생각해보라. 생각이 많아 머릿속이 복잡했던 날 몸이 더 축 처지며 힘들었던 것을 기억하는가. 그날 당신은 에너지를 생각에도 빼앗겨서 그렇다는 걸 알아야 한다. 그럴 때 에너지를 보충하기 위해 음식을 먹고 잠을 청하게 된다. 특히 단 것을 찾게 되는 이유도 떨어진 에너지를 빨리 보충하기 위함이다.

이처럼 당신이 왓칭을 하면 [두려운 생각]에 에너지를 줄지 말지를 결정할 수 있다. 만약 당신이 [두려운 생각]을 바라보아 계속 떨어져 있는 상태를 유지하면, [두려운 생각]은 당신으로부터 에너지를 받지 못해 사라질 수밖에 없게 되는 것이다.

그것은 옆의 그림처럼 전원 콘센트에서 플러그를 뽑아 버리면 전원이 차단되는 것과 비슷하다. 앞으로 당신을 괴롭히는 생각이 보이면 그 생각의 전원을 쏙 뽑아 버린다고 이미지를 그리면 도움이 된다. 반대로 당신이 [두려운 생각]을 계속 이어서 하고 있다면 그 두려움은 더 커질 수밖에 없다. 이렇듯 당신이 생각의 결정권을 가지고 있다. 당신이 생각의 주인이기 때문이다. 이것이 부정적인 생각에서 벗어나게 되는 왓칭의 기본 원리이다.

이번에는 반대로 긍정의 생각이 이루어지는 왓칭 원리에 대해 알아보자. 만약 다이어트를 해서 몸무게를 줄여야겠다고 생각했다면 왓칭으로 그런 상태에 어떻게 도달하게 되는지 알아본다. 우선 왓칭을 모르는 사람들이 생각하는 것은 아래와 같다.

나는 [날씬하고 싶다는 생각]을 한다.

하지만 지금 나는 [날씬하지 않다고 생각]을 한다.

대부분 사람들은 [날씬하고 싶다는 생각]을 하기 때문에 결과적으로 자신이 [날씬하지 않다는 생각]을 더 많이 하게 된다. 그렇지 않은가. 그래서 [날씬하지 않다는 생각]을 자신과 같다고 보게 된다. 결국 날씬하기가 어렵게 되어 다이어트에 실패할 확률이 높아지는 것이다. 그러면 왓칭하는 사람은 어떻게 하는지 써보자.

나는 바라본다(왓칭한다). → [날씬하지 않다는 생각]

나는 바라본다(왓칭한다). = [날씬하다는 생각]

왓칭을 한다면 [날씬하지 않다는 생각]을 바라보아 분리해 에너지를 주지 않고, 대신에 나는 [날씬하다는 생각]에 집중해 에너지를 주게 할 수 있다. 결과적으로 [날씬하지 않다는 생각]은 사라지고, [날씬하다는 생각]이 현실이 되어 나의 앞에 나타나게 된다. 내가 [날씬하다는 생각]을 나와 같다고 만들었기 때문이다. 이것은 위의 두려운 생각의 경우와는 반대로 전원 코드에 플러그를 끼우는 것으로 이미지를 그리면 된다. 이제 자신이 원하는 생각을 이루고 싶다면 자신이라는 전원에 그 생각을 합치시켜라. 그리고 그 생각에 계속 집중하게 되면 소망이 조만간 이루어지게 된다. 그래서 간절하게 소망하라고 하는 것이다. 다만, 그것이 잘 이루어지게 하려면 먼저 [날씬하지 않다는 생각]는 부정적인 이미지의 생각을 사라지게 해야 한다.

이처럼 왓칭은 생각을 바라봄으로써 부정적인 생각으로부터 탈출하게 해주기도 하지만, 자신이 원하는 긍정적인 생각을 현실로 실현해 주기도 한다. 생각으로부터 에너지를 끊거나 연결하는 작업을 통해서다. 이것은 일찍이 부처님이 말씀하신 '일체유심조(一切唯心造)'의 뜻과도 통한다.

"모든 것은 마음이 지어내는 것으로 내가 원하는 세상을 내가 주인으로서 창조해 나갈 수 있다."

이렇듯 모든 일은 마음을 통해서 이루어지는 것. 그런 마음을 왓칭을 통해 다룰 수만 있다면 마음의 평화와 함께 소망도 이룰 수 있는 길이 열리는 것이다.

당신은 생각에 대해 대단한 착각을 하고 있다

생각을 다루기에 앞서 당신은 생각에 대해 얼마나 정확히 알고 있는가. 우선 질문을 하나 해보자.

“당신은 지금도 당신이 생각을 하고 있다고 생각할 것이다. 그러면 그것이 진실이라고 생각하는가?”

다시 말하면, 당신이 생각을 한다는 것이 정말 정확하냐는 것이다. 물론 당신은 그렇게 철석같이 믿고 있었겠지만, 그것은 대단한 착각이다. 생각은 당신이 하는 것이 아니다. 당신에게 오는 것이다. 지금은 잘 이해가 되지 않을 수도 있다. 단 한 번도 의심해본 적이 없던 일이기 때문일 것이다. 그러나 지금 따져보면 바로 알 수 있다.

지금 당신의 눈앞에 당신이 아주 좋아하는 초코케이크가 하나 놓여 있다고 하자. 그러면 바로 먹고 싶다는 생각을 할 것이다. 그런데 당신이 생각을 한다는 것이 정확한 사실이면 당신이 그 초코케이크를 먹고 싶다는 생각을 먼저 하라고 지시를 하고 난 다음, 그 생각을 해야 맞다. 그러나 그것을 보자마자 먹고 싶은 생각이 자동으로 떠오른 것이다. 그렇지 않은가.

그리고 당신이 어떤 생각을 할지를 먼저 정할 수 있다면 부정적인 생각 같은 것은 영원히 하지 않을 것이다. 구태여 기분 나쁜 생각을 하라고 먼저 지시할 필요가 없지 않은가. 그러나 수시로 당신의 기분을 잡치는 생각들이 떠오를 것이다. 또한 누구나 사람들 앞에서 할 중요한 발표나 공연 등을 앞두고는 '이번에 실수하면 안 되는데, 떨리면 어떻게 하지'라는 생각으로 미리부터 떨리며 불안해질 것이다. 이처럼 당신은 다음에 어떤 생각이 올지를 알 수 없다. 그것을 미리 정할 수 없다. 당신의 뜻대로 되지 않는 것이다. 이런 사실들에 비추어 생각은 당신이 하는 것이 아니라, 당신에게 오는 것이라고 보는 것이 더 정확하다.

그렇다면 왜 대부분의 사람은 그렇게 알고 있을까? 그것은 자신의 머릿속에서 계속 일어나며 자신의 입장을 대변해 말하기에 의심 없이 내가 하는 것으로 믿게 된 것이다. 그러나 생각은 우리에게 잠시 왔다는 가는 손님 같은 존재임을 이제는 알아야 하겠다. 그렇다면 생각에 대해 조금 더 알아보자.

생각은 어떤 방식으로 움직이는가

우리는 하루에 얼마나 많은 생각을 할까? 심리학자 쉐드 햄스테터

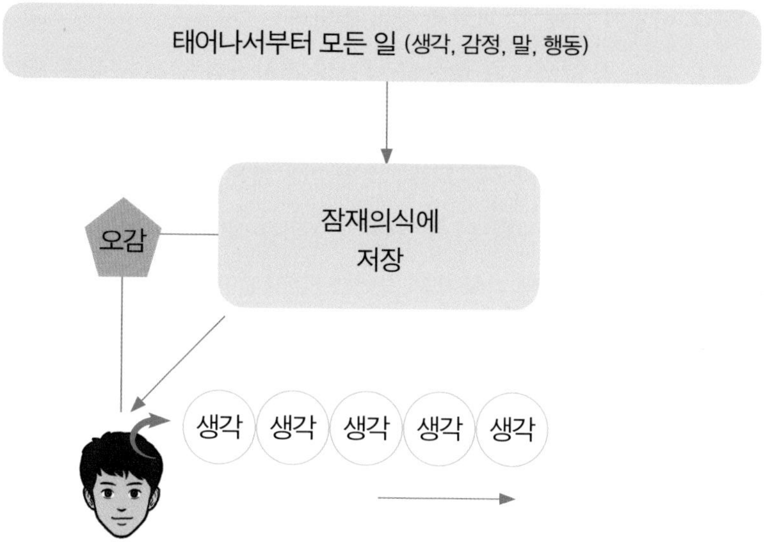

박사가 조사한 바에 따르면 하루에 5만 가지 이상의 생각을 한다고 한다. 그리고 그중에서 부정적인 생각의 비중이 놀랍게도 약 85%가량이라고 하니, 단 15% 정도가 긍정적인 생각인 셈이다. 또한 1초당 하나꼴로 생각은 우리의 머릿속에서 휙휙 지나간다. 지금도 하나의 생각이 다시 다음 생각으로 빠르게 옮겨 가고 있는 중이다. 그렇다면 그 많은 생각들은 어떤 방식으로 우리에게 오는 것일까?

위의 그림처럼 우리가 태어나서 경험하는 모든 것들은 하나도 남김없이 잠재의식 속에 저장된다. 그런 가운데 잠재의식의 기억으로부터 생각들이 하나씩 나오게 되는 것이다. 만약 우리 몸의 오감인 눈, 코, 귀, 입, 촉감을 통해 어떤 것에 접촉하게 되었다고 하자. 그러면 그것으로부터 감지한 것과 관련된 기억을 이전에 저장된 잠재의식으로부터 자동으로 꺼내오는 것이다. 그래서 머릿속에 떠오르는 대부분의 생각은 이전의 기억, 즉 과거를 말하게 된다.

예를 들어 길을 가다가 우연히 당신의 첫사랑과 닮은 사람을 보았다고 하자(오감 중 시각). 그 사람을 보는 순간 첫사랑과 관련해 저장되어 있던 과거의 기억들이 당신의 머릿속에 자동으로 떠오르게 된다. 그때 행복했던 기억보다 안 좋았던 기억들이 더 떠오르면 아무 일이 없는데도 기분이 살짝 나빠지는 것이다. 그리고 맛있는 냄새(후각), 특히 당신이 좋아하는 음식의 향이 후각을 자극하면 그것을 맛있게 먹었던 기억이 떠올라 군침이 나오게 된다. 또한 중요한 시험에 낙방한 충격이 있었다면 시험만 앞두면 그 생각이 떠올라 두려움을 느끼게 되는 것이다.

생각이 이런 방식으로 움직이다 보니 당신의 과거가 실패자의 삶이었을 경우, 당신은 현재에서도 매번 그 영향을 받게 되며 그에 따라 미래의 성공적인 삶도 불투명하게 된다. 우리가 자주 좌절했던 것이 이런 것에도 기인했다고 볼 수 있다. 그러나 지금부터는 그런 부정적인 생각을 왓칭으로 흘려버리고 긍정적인 목표나 생각을 그 자리에 심으면 된다.

게다가 당신에게는 우군이 하나 더 있다. 그것은 바로 '영감'이다. 생각은 대부분 과거로부터 오게 되지만 영감을 통해서도 온다. 영감은 창조적인 일의 계기가 되는 기발한 착상이나 느낌을 말하는데 우리의 깊은 내면, 즉 왓처를 통해 가슴으로 어떤 느낌을 받거나 책, 사람, 음악, 미술, 연극, 영화, 자연 등을 따라서 전달되기도 한다. 이런 영감은 그때마다 신선하고 창의적인 아이디어나 매우 독특한 느낌을 선사해준다. 그러나 우리는 항상 생각에 빠져서 지내기에 영감을 쉽게 알아차리지 못한다. 또한 그것을 받게 되더라도 과거로부터 오는 생각들과 잘 구별해내지 못하는데, 그에 관한 이야기를 하나 해보자.

인류를 구하기 위해 우주로 떠나 다시 돌아오기까지의 힘겨운 여정을 통해 많은 과학적, 철학적 재미를 안겨준 영화 〈인터스텔라〉의 마지막 부분 중에서 영감에 대한 이야기가 잠깐 나온다.

주인공 쿠퍼는 마지막 희망인 블랙홀 안에서 딸에게 다급하게 메시지를 전하려 한다. 하지만 그때 쿠퍼의 딸 머피는 연구의 실마리를 찾으려 생각 속에 빠져 있어 안타깝게도 그 메시지를 듣지 못한다. 그러다 어느 순간 아버지가 떠나기 전에 주고 간 시계의 바늘이 모스 부호를 보내며 진동하고 있는 것을 보고서야 그것이 메시지라는 것을 알아차리게 된다. 그 후 그녀는 그 정보를 이용해 큰 과학적 업적을 세우는 쾌거를 이룬다. 그때 외친 말이 "유레카!"였다.

이처럼 영화에서와같이 생각에서 벗어나야 영감을 받게 되며 그것을 통해 자신이 생각지도 못한 큰일을 이루게 된다. 이 책의 제6장에서 영감에 대해 따로 다루게 되니, 그때 더 자세히 설명하고 그 실천 방법들에 대해서도 알려줄 것이다.

사람들이 생각을 다루지 못하는 이유

혹시 안경을 낀 채로 세수를 한 적이 있는가? 오랜 기간 안경을 착용한 사람들은 이런 황당한 경험을 해 보았을 것이다. 나도 여러 차례 그런 적이 있다. 그때 안경을 자신의 몸처럼 느껴 지금 안경을 끼고 있는지조차 까먹어 버리는 것이다. 이와 비슷하게 우리는 항상 생각과 너무 밀접하게 붙어 있어 그것을 자신과 동일시해 버리기 쉽다. 그러다 보니 생각을 분리하는 것이 매우 어렵다. 그리고 생각을 분리해야 생각을 다룰 수 있다는 사실도 알지 못한다. 당신도 이 책을 읽기 전에는 그런 사실을 알지 못했을 것이다. 대부분이 처음 듣는 얘기일 것이다. 그러다 보니 우리는 하나의 의심도 없이 생각을 따라서 살아간다. 생각 속에 빠져서 살게 된다. 하지만 그런 사실조차도 모른다. 마치 공기 속에서 살고 있어 공기를 인식하지 못하고 있는 것과 닮아있다. 앞에서 설명했듯 마음을 다루는 왓칭의 원리는 쉽다. 하지만 그 실천이 어려운 이유가 이처럼 생각과의 분리가 쉽지 않기 때문이다.

스마트폰을 보아도 알 수 있다. 온종일 우리가 들여다보고 있는 것이 스마트폰이다. 스마트폰이 우리를 편리하게 해주다 보니 그것이 없이는 잠시도 살 수 없게 되었다. 생각도 이와 비슷하다. 생각은 우리를 도와주는 도구였는데 그것에 빠져 의존하다 보니 생각이 오히려 더 크고 중요한 것처럼 되어버렸다. 그래서 의심 없이 생각이 하라는 대로 움직인다. 그러다 보니 온갖 부정적인 생각에 빠져 허우적대게 되었다. 그러나 대부분의 사람은 이런 사실조차 전혀 모른다. 오늘도 스마트폰에 의존하는 것처럼 또다시 힘든 생각에 빠져서 하루를 보낼 것이다. 이제는 생각이 자신을 망칠 수도 있다는 사실을 확실히 깨달아야 한다.

이런 현상을 마부가 마차를 타고 가는 이미지를 그려보면 더 이해하기가 쉽다. 이때 말(馬)을 '생각'이라고 하고 '나'를 마부라 하자. 내가 생각을 한다는 것은 말이 가고자 하는 곳으로 끌려가고 있는 상태이다. 만약 좋은 곳으로 데리고 가면 좋겠지만 안 좋은 곳으로 끌고 가면 불만, 화, 두려움, 불안, 걱정, 슬픔, 우울 등으로 괴로울 수 있다. 이것은 당신이 마부로서 해야 할 일, 즉 말을 조종하는 일을 놔둔 채 그냥 잠들어 버린 것과 같다. 그러자 말이 주도권을 행사하고 있다. 그럴 때 어리석은 말이 당신을 진흙탕 길이든 얼어붙은 길이든 아니면 절벽 길로도 몰고 갈 수 있는 것이다. 이제는 깨어나 빨리 말(생각)의 고삐를 잡아야 한다. 길고 긴 잠에서 깨어나 삶의 고삐를 잡고 주인으로서 당신의 인생을 살아야 한다. 그럼 그런 생각의 예를 하나 들어보자.

'이번 시험도 떨어지면 난 끝이야!'

이런 생각이 머릿속에서 떠올랐다고 해보자. 이때 앞서 설명한 대로 자신의 머릿속에 이런 생각이 든 것을 알아보는 것을 왓칭한 것이라고 했다. 그것은 그 생각과 떨어져 있음, 즉 분리가 되었다는 것이다. 그런 후 그 생각을 계속 바라보아(분리해) 그것이 가진 에너지가 소진되면 그 생각은 자동으로 사라지게 된다. 결국 그런 생각이 사라져 버리면 시험에 대한 부담감도 함께 없어진다. 이것이 왓칭하는 사람이 생각을 바라보는 방식이다. 그것은 아래와 같다.

나는 바라본다(왓칭한다) ────→ [이번 시험도 떨어지면 난 끝이야!]

그러나 현실에서는 대부분의 사람이 이와 반대로 한다. 처음에 그 생각을 했다는 것을 아는 순간(왓칭) 잠시 생각과 분리가 되었지만, 그 생각을 계속 바라보지 못하고(분리하지 못하고) 그 생각을 자신과 동일시해 버린다. 그리고 그와 관련된 생각, 예를 들어 '맞아, 정말 떨어지면 엄마, 아빠를 어떻게 보지'라는 생각을 이어서 하게 되는 것이다. 이것은 두려움이라는 전원 코드에 플러그를 끼워 버리는 것과 같다고 했다. 그렇게 왓칭에 실패해 두려운 생각 속에서 시험을 치른다. 결국 그것이 좋은 결과를 내는 것에 걸림돌이 될 수도 있다. 이런 부분을 잘 이해해야 한다. 왓칭을 알고 있더라도 왓칭에 실패하는 대부분의 원인이 이것이다. 그것을 왓칭을 모르는 사람들이 생각하는 대로 아래에 써본다.

나는 = [이번 시험도 떨어지면 난 끝이야!]

이처럼 두려운 생각의 전원에 자신을 접속시키면 그 생각의 지배 아래에 있게 된다. 그래서 그 뒤로도 두려운 생각을 계속하게 되어 중요한 시험을 망칠 수도 있게 되는 것이다.

이제는 똑바로 알자. 그리고 잠에서 깨어나자. 당신은 말을 다룰 수 있는 마부이며 그 말을 다루어 당신이 원하는 곳으로 갈 수 있다. 그것은 당신이 원하는 생각을 선택해 목표를 이룰 수 있는 힘이 있다는 뜻이다. 말도, 생각도, 안경도, 공기도, 그리고 스마트폰도 단지 유용한 도구일 뿐이다. 다시 강조하면 그것을 왓칭하는 당신이 생각과 그 모든 것의 주인이다.

앞으로 왓칭으로 생각을 다룰 수 있다면 당신의 소망이 이루어질 가능성도 올라가게 될 것이다. 또한 현재 많은 사람이 우울증이나 강박증, 공황장애 등 정신질환으로 고생하고 있다. 그것도 왓칭만 성공할 수 있으면 해결에 일부는 도움이 될 수도 있다고 본다. 그것을 위해 누구나 할 수 있는 쉬운 왓칭실천법이 필요했다. 분리가 어려운 생각을 쉽게 분리해 다룰 수 있는 방법, 그것이 바로, '생각클리어'이다. 이제부터는 생각클리어를 본격적으로 배워보자.

당신을 능력자로 올려줄 생각클리어 방법 3단계

생각클리어는 누구나 읽고 이해하는 즉시 활용이 가능하다. 생각클리어에 성공하면 생각이 일시적으로 사라진 고요한 상태로 들어가게 된다. 이때가 잠깐이나마 왓처의 상태이며, 그 순간을 길게 가져가게 되면 당신의 능력도 따라서 올라가는 것을 느끼게 된다. 물론 처음에는 몇 초간 정도이지만, 복잡한 마음에서 벗어나 그 순간만큼은 마음의 평화를 누릴 수 있다. 그러니 이 글을 다 읽고 나서 당신도 되는지 바로 테스트를 해보자.

생각클리어 방법은 왓칭의 원리를 기초로 하기에 앞에서 설명한 일부가 중복될 수 있다. 좀 더 확실히 이해하는 것이 필요해서이다. 그리고 방법을 이해하기 쉽게 3가지 단계로 나누어 설명할 것이다. 앞으로 생각클리어를 줄여서 친근하게 '생클'이라고 불러도 좋다.

생각클리어 1단계: 내가 생각을 보려고 하면, 생각을 볼 수 있다.

우리가 능력자가 되려면 단 한 가지 것만을 바꾸면 된다. 딱 한 가지이다. 그것은 생각을 하는 것에서 생각을 보는 것으로 전환하는 것이다. 이것은 생각을 하는 것에서 생각을 보는 것, 단지 글자 하나를 바꾸는 것에서 끝나지 않고, 당신이 사는 세상 전체를 바꾸는 만큼이나 대단한 일이다. 그것은 생각클리어를 써보며 당신의 세상이 변화하는 것을 보면 차차 이해될 것이다. 그럼 이제 생각을 보는 세계로 들어오게 된 당신을 환영한다.

〈생각을 하는 세계〉

나는 생각을 한다 X

〈생각을 보는 세계〉

나는 생각을 본다 O

위의 왼편 그림처럼 '나는 생각을 한다'는 것은 내가 생각이라는 컵 속에 빠진 상태다. 그림처럼 생각 속에 빠져 허우적대는 힘든 상태이다. 괴로운 생각이 들면 괴롭고, 슬픈 생각을 하면 슬프고, 두려운 생각이 나면 두렵게 되는 것이다. 우리는 늘 생각을 하고 있기에(생각의 컵 속에 빠져 있기에) 그런 생각의 지배를 받게 된다. 특히 '난 왜 이렇게 능력이 없어'라는 생각이 들면 자신감과 함께 자존감이 급격히 내려가 버린다. 또한 부정적인 생각에 깊게 빠져서 나오지 못하게 되는 경우 우울증이나 강박증, 공황장애, 심지어는 자살로까지도 이어질 수 있다. 그런 일들이 대부분 생각에 빠져서부터 일어나게 되는 일이라는 것을 확실히 알고 생각에서 나오는 방법을 익혀야 한다.

반면에 오른편의 그림에서 '나는 생각을 본다'는 것은 내가 생각의 컵에서 나와 생각을 여유 있게 바라보고 있는 상태다. 앞서 설명한 대로 생각과 내가 분리된 상태로, 생각을 나와 동일시하지 않고 내 앞의 보이는 대상으로서 왓칭하게 된다. 그때는 내가 생각과 분리되어 있기에 생각의 지배를 받지 않게 된다. 또한 내 앞의 컵을 치우거나 던져버릴 수 있는 것처럼 내가 원하는 대로 생각을 다룰 수 있는 상태가 된다.

그렇다면 이런 왓칭 상태를 만들기 위해 먼저 내가 생각의 컵에서 나올 수 있는 방법이 필요하다. 또한 언제든 바로 나올 수 있어야 한다. 그럼 그 방법은 무엇일까?

"내가 지금 무슨 생각을 봤지?"

간단하다. "내가 지금 무슨 생각을 봤지?"라고 스스로 질문하면 된다. 이 질문을 하게 되면 생각의 컵 속에 있다가도 내가 지금 무슨 생각을 하고 있는지 보기 위해 생각의 컵에서 나와야 한다. 왜냐하면 생각이라는 컵 속에 들어가 있으면 지금 무슨 생각을 하고 있는지 알 수 없기 때문이다. 이것은 산속에 들어가 있으면 산이 보이지 않는 것과 같다. 산에서 나와야 비로소 그 산의 모양을 볼 수 있다.

지금 자신에게 질문해보자. "내가 지금 무슨 생각을 봤지?" 그리고 그것에 답해 보자. 아마도 지금은 '이런 방법이 있었구나!', 아니면 '나도 될까?'라는 생각을 했을지도 모른다. 그때 머릿속으로만 하지 말고 노트에 쓰면서 연습해보면 좀 더 쉬워진다.

그 방법은 이렇다. '내가 지금 무슨 생각을 봤지?'라고 먼저 쓰고, 그 질문에 '이런 방법이 있었구나!'라는 생각을 했다면 '이런 방법이 있었구나!라는 생각이 왔네'라고 노트에 쓰면 된다. 그리고 그 뒤로 '나도 될까?'라는 생각을 했다면 '나도 될까?'라는 생각이 왔네' 이렇게 써나가면 된다.

다시 요약하면 "내가 지금 무슨 생각을 봤지?"라고 노트에 쓰고, 방금 한 생각을 '~라는 생각이 왔네'라고 써서 그 생각을 실제로 보는 것이다. 이 연습을 통해 생각을 자신으로부터 분리하고 왓칭하는 연습을 한다.

그럼 실생활에서의 예를 하나 들어보자. 어린아이가 잠투정하거나 장난감을 사 달라고 떼를 쓰며 울 때, 특히 한밤중에 30분 이상 악을 쓰며 울 때는 진짜 입을 틀어막고 싶을 정도로 화가 난다고 초보 엄마가 상담해온 적이 있었다. 이럴 때 생각을 바라보아 분리하면 어떻게 될까?

먼저 생각을 분리하지 않으면 그때 일어나는 생각대로 진짜로 아이의 입을 틀어막고 싶어지며 그로 인해 화가 날 수 있다. 반면에 생각을 바라보아 분리하게 되면 '정말 입을 틀어막고 싶어!'라는 생각이 왔네' 이렇게 노트에 쓰고 그 생각을 바라보게 된다. 그런 방법으로 생각의 컵에서 나와 그 상황과 떨어져 좀 더 객관적으로 바라볼 수 있게 된다. 그러면 자신의 입장보다 아이의 상태를 먼저 살펴보고 보살피게 되는 것이다. 결국 화로 커지는 것을 멈출 수 있게 된다. 이렇게 생각의 지배에서 벗어나 이성적으로 행동할 수 있게 된다.

이때 중요한 포인트는 생각의 컵 속에 있다가 생각을 보는 세계로 나오는 느낌을 확실히 가져보는 것이다. 그 느낌을 이해하기 쉽게 전투기가 공중전을 하는 이미지를 그려보자. 아군의 전투기가 적군의 전투기에 급박하게 쫓기고 있다. 하지만 아군의 조종사가 멋지게 조종을 해 순식간에 적군의 전투기의 뒤로 빠져 전세가 역전되며 적기의 뒤를 쫓게 되었다. 바로 그 순간, 일종의 청량감과 같은 짜릿한 쾌감이 올라오지 않는가. 그런 느낌과 비슷하다고 보면 된다. 생각의 컵 속에서 그 지배를 받고 있다가 빠져나와서 그 생각의 실체를 보게 된 순간, 받게 되는 전세 역전의 느낌 같은 것 말이다.

이처럼 당신이 생각을 계속하며 생각 속에 빠져 있는 것과 그 생각에서 나와 자신이 하던 생각을 보면서 느끼는 것은 완전히 다르다. 즉 생각의 주인으로서 생각을 다시 보는 느낌이다. 이제 생각에서 나온다는 느낌이 짐작이 가는가. 처음에는 조금 생소할 수 있을지도 모른다. 하지만 머릿속의 생각 안에 있다가 그 머릿속에서 밖으로 나왔다는 쾌감으로 감을 잡으면 된다. 이것이 생각을 본 상태이며, 그 순간 우리는 생각을 다룰 수 있는 상태로 진입하게 된 것이다. 그러면 두 번째 단계로 넘어가 보자.

생각클리어 2단계: 내가 생각을 보는 동안, 생각은 이어지지 않는다.

위의 생각클리어 1단계에서 내가 "내가 지금 무슨 생각을 봤지?"라는 질문을 통해 생각을 바라보면 생각의 컵 속에서 나와서 생각과 내가 분리되지만, 우리는 그런 상태를 계속 유지하지는 못한다. 무의식적으로 생각과 대화하듯 생각을 계속 이어서 하게 되기 때문이다. 예를 들어 '배고파!'라는 생각이 들면 습관적으로 바로 '뭐 먹지?'라는 생각을 이어서 하게 된다. 이것은 생각의 컵 속으로 다시 들어가는 것을 뜻한다. 내가 생각을 바라보는 순간은 생각의 컵 밖에서 생각을 바라보았지만, 다른 생각을 바로 이어서 하는 순간 내가 다시 그 생각의 컵 속으로 들어가 버리는 것이다. 그러면 왓칭은 도루묵이 된다. 생각의 밖에 나와 있던 시간이 극히 짧아 왓칭이라 할 수 없게 되는 것이다. 그렇다면 생각의 컵 속으로 다시 들어가지 않게 하려면 어떻게 해야 할까?

그것은 옆의 그림처럼 생각이 사라질 때까지 내가 '배고파'라는 생각을 바라보는 상태를 길게 유지하면 된다. 즉 내가 바라보는 주체로서 보이는 대상인 생각을 계속 왓칭하는 것이다. 앞서 말한 것처럼 내가 생각을 보는 동안에는 생각에 에너지를 주지 않게 되기에 그 생각이 다음 생각으로 이어지지 않고 마치 정지한 것처럼 서 있게 된다. 이것은 마치 우리가 예전에 하던 놀이 '무궁화꽃이 피었습니다'와 비슷하다. 그 놀이에서 술래가 '무궁화꽃이 피었습니다'를 말하고 나서 뒤를 돌아보면 모두 멈추어야 했던 그 장면을 떠올리면 된다. 그와 같이 생각도 바라보면 멈춘다. 그런 후 생각이 지닌 자체 에너지가 소진되는 순간 자동으로 사라지게 되는 것이다.

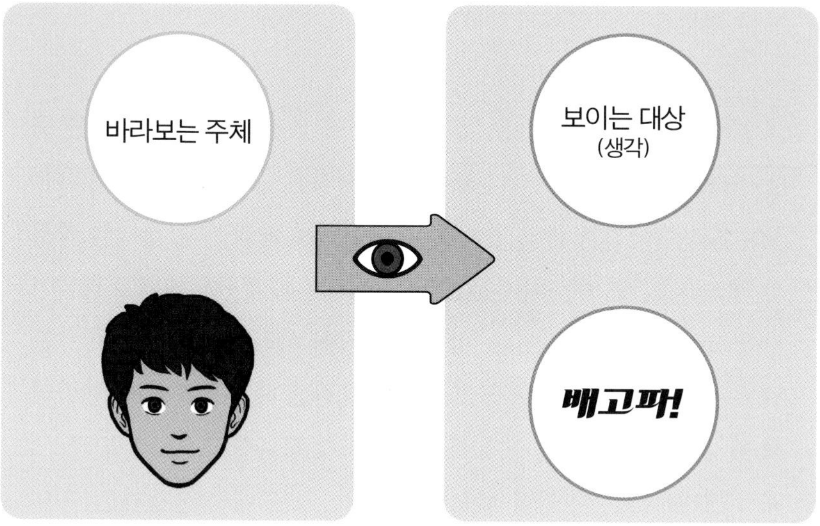

그러나 대부분의 사람이 여기서 막힌다. 이론은 쉽지만, 생각을 계속하던 습관이 있어 생각을 길게 바라보지 못한다. 그것은 오랜 노력이 필요하다. 그리고 그것을 감당할 사람은 많지 않을 것이다. 그런 이유로 한동안 생각클리어를 포기해야 하나 무척 고민했었다.

그 후 2년여 가까이 시간이 흘렀다. 그러다 어느 날 놀랍게도 그 해결법을 발견했다(필자가 2년 전에 처음 쓴 〈생각클리어〉 책에는 이 방법이 없다). 드디어 누구나 할 수 있는 쉬운 방법을 찾아낸 것이다.

답은 단순한 것에 있었다. 그곳이 안 뚫리면 다른 곳을 뚫으면 되는 법. 안될 것 같은 일에 매달리는 것은 에너지 낭비였다. 그렇게 하나를 버리자 거기에 맞추어 신기하게도 딱 맞는 방법이 떠올랐다. 그렇다면 그 방법은 무엇일까?

그것은 처음에 본 생각을 그대로 놔두고, 바로 눈길을 돌려 다른 곳을 바라보는 것이다. 그러다 보면 앞의 생각은 관심을 받지 못해 다음 생각으로 이어지지 않고 잠시 후면 자동으로 사라진다. 생각의 속성상 약 1~3초간만 대응하지 않으면 그 생각은 자체 에너지가 소진되어 자동으로 사라지는 것이다. 하지만 생각이 사라지지 않았던 이유는 위에서 언급한 것처럼 내가 그 생각과 대화를 하듯 생각을 계속 이어서 했기 때문이다. 단지 그것 때문이니 그것 하나만 조심하면 된다. 그래서 2단계에서는 생각을 보고서 무관심한 듯 고개를 획 돌리는 그 느낌을 기억하면 된다. 연인이 붙잡아도 쿨하게 획 돌아서는 바로 그 느낌이다. 이처럼 당신이 생각의 주인이기에 당신이 하고 싶은 대로 해도 된다는 것을 잊지 말자.

하지만 2단계에서 주의할 것이 있다. 그것은 보게 된 생각을 무조건 없애려 드는 것이다. 이때 생각을 없애려 하는 것은 '왜 생각이 없어지지 않지?' '없애야 하는데!' 이런 생각들을 무의식적으로 이어서 하는 것과 같다. 그렇게 하지 말고 그 생각을 그대로 두고 넘어가야 한다. 이처럼 그 생각의 내용(주제)에 빠지면 그 생각을 그대로 두지 못할 수도 있다. 그럴 때는 그냥 하나의 생각, 즉 메시지라고만 이해하고 그대로 놔두어라. 다시 강조하면, 생각을 보고는 그대로 놔두라. 절대로 건드리지 말자. 이것이 생각클리어의 성공과 실패를 결정한다. 생각은 그대로 놔두면 잠시 후 자동으로 사라지기 때문이다. 그러면 두 번째 단계도 클리어가 되었다. 이제 마지막 단계로 넘어가 보자.

생각클리어 3단계: 내가 생각을 찾으려 할수록, 생각은 나타나지 못하고 숨어 버린다.

생각은 도둑과도 같다. 도둑의 습성을 많이 닮았다. 그렇다면 도둑이 가장 무서워하는 것이 무엇일까? 자신이 누군가에게 발각되는 것이 아닌가. 그처럼 생각의 약점도 누군가가 자신을 알아보는 것에 있다. 즉, 왓칭을 당하는 것을 무서워한다. 발각되는 순간(보이는 순간) 분리가 돼 에너지가 끊어져 잠시 후면 자신이 사라지기 때문이다. 그래서 생각(도둑)은 누군가가 지켜보고 있으면 잘 나타나지 못한다. 게다가 적극적으로 생각을 찾으면 생각(도둑)은 아예 나타나지도 못하고 숨어 버리게 된다. 이런 점을 활용해보면 되는 것이다.

앞의 2단계에서 처음에 본 생각을 그대로 놔두고 다른 곳으로 눈길을 돌려 바라본다고 했다. 그다음은 더 적극적으로 머릿속에서 이리저리 생각을 찾아보는 것이다. 이때 생각을 찾아보는 것이 생각을 바라보는 것보다 더 강력한 힘을 발휘하게 한다. 예를 들어 핸드폰이 없어졌다고 할 때 더 열심히 더 적극적으로 이곳저곳 눈에 불을 켠 듯 바라보며 찾지 않겠는가. 그리고 이때 실제로도 머릿속에서 생각을 찾기 위해 고개를 여러 방향으로 돌린다거나, 눈동자를 이리저리 굴리며 생각을 찾는 행동을 하면 더 효과적이다.

거기다 다음 장의 그림처럼 서치라이트로 머릿속을 샅샅이 비추며 생각을 찾으면 더 좋다. 이때 자신이 위에서 아래를 내려다보면서 찾는 느낌, 그 느낌이 이번 3단계에서는 필요하다. 그러면 처음 본 생각은 관심(에너지)을 못 받기 때문에 잠시 후면 사라지고, 머릿속 다른

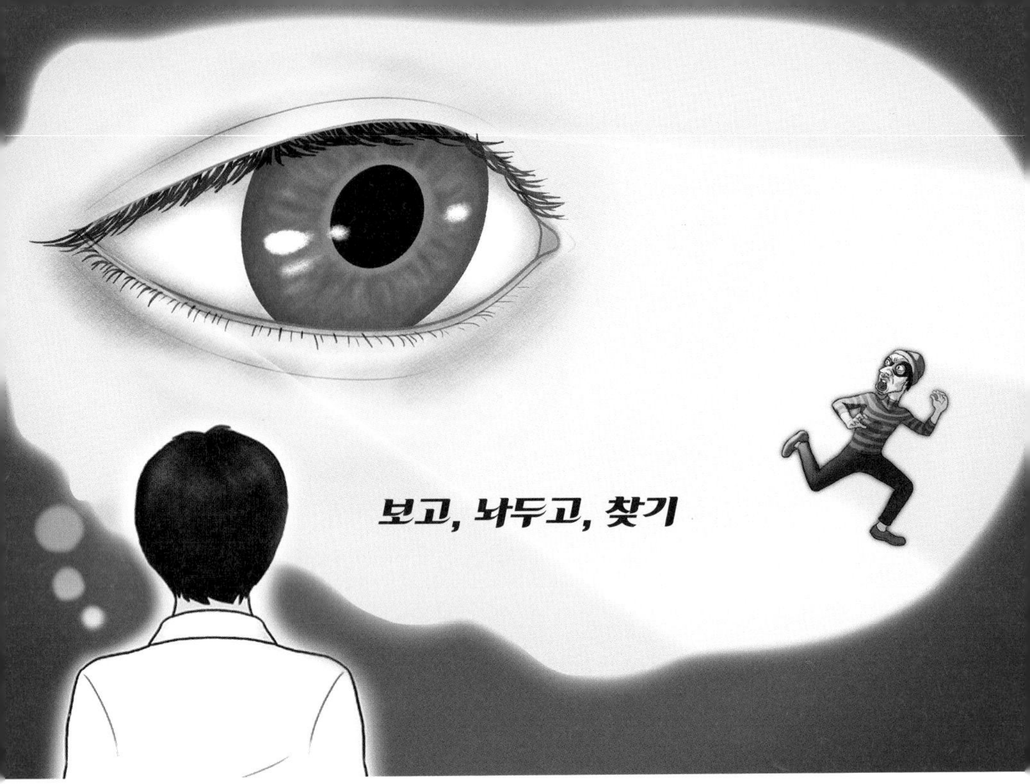

곳의 생각도 모두 숨어버리기에 나타나지 못하게 된다. 결국 생각이 일시적으로 모두 사라진 상태가 된다. 이렇게 생각이 사라지면 약간은 멍하고 머릿속이 텅 빈 듯 마음이 일시에 차분해지며 고요해진다. 그러면 성공이다. 당신이 왓처가 되는 순간이다. 그 후에도 머릿속에서 계속 생각을 찾아보며 경계를 하는 상태를 이어가면 된다. 그러다가 생각이 또다시 한쪽에서 보이면 바로 놔두고, 다른 방향에서 생각을 적극적으로 찾는다. 이렇게 생각클리어 3단계가 모두 끝났다.

앞으로 생각클리어를 한다면 쉽고 단순하게 보고, 놔두고, 찾기로 기억하라. 이것만 반복하면 된다.

〈생각 클리어 핵심 방법〉

생각클리어는 위의 3가지 것만 잘 기억하고 있으면 평생 괴로운 생각에서 즉시 벗어날 수 있다. 왓칭 수업에서 한 분은 생각클리어를 배워 바로 성공한 후, 평생 자신의 머릿속에서 떠들어 대던 소리가 일순간 모두 사라지며 조용해져 너무나 신기했다고 들떠서 말했다. 곧 마음도 편해졌다고 덧붙였다. 그리고 그다음 수업에 와서는 난생처음으로 파란 하늘을 자세히 바라보고, 그 속에서 떠다니는 여러 모습의 구름도 살펴보고, 길을 지나는 사람들의 모습도 그대로 보았다고 했다. 이런 아름다운 세상을 보지 못하고 한평생 짜증 나는, 걱정하는, 불안한, 긴장하는, 그리고 손해나 보지 않을까 하는 생각을 하며 다녔다니 믿어지지 않는다고. 이제는 자신에게 새로운 세계가 열렸다고 기뻐했다.

그것은 어린아이처럼 순수한 눈으로 세상을 보는 것과 비슷하다. 우리는 그런 세상을 마음껏 누릴 자격이 있다. 그리고 그렇게 기분이 좋은 가운데 자신의 목표나 긍정적인 생각을 머리에 넣으면 우리의 인생도 아름다운 꽃을 피워내지 않겠는가. 특히 부정적인 생각이 많아 괴로울 때는 적극적으로 생각클리어를 사용해야 한다. 안 좋은 생각들이 계속 이어질수록 자신의 미래도 안 좋은 방향으로 흐를 수밖에 없기 때문이다. 이제 당신은 스스로를 구원하고, 원하는 미래를 만들 수 있는 만능열쇠를 갖게 된 것이다.

그럼 위의 생각클리어 방법을 모두 읽었으니 당신도 되는지 지금 테스트를 해보자. 쉽다. 누구나 한 번에 성공할 수 있다. 나의 수업에 와서 생각클리어가 안 되는 사람은 거의 보지 못했다. 하지만 당신은 지금 나와 같이 있는 것이 아니니 조금 실수를 하더라도 몇 번 더 해보면 모두 성공하리라 본다. 설령 안 되더라도 그것을 보완을 해줄 방법, 1초 전환하기 연습도 다음에 준비되어 있다. 그럼 지금부터는 아래의 방법을 따라서 해보라.

생각클리어 방법 테스트

1. 먼저 눈을 감고 자신의 머릿속을 바라보며(이미지로 그리면서) "내가 지금 무슨 생각을 봤지?" 질문해 머릿속에 떠오른, 지금 그 생각을 실제로도 바라본다. 이때 당신은 생각의 컵 속에서 나온 것이다. 그리고 머릿속에 생각이 떠오른 쪽으로 실제로도 고개를 돌려 그 생각을 직접 바라본다. 만약 그때 생각이 없어서 안 보이면 바로 성공한 것이다. 그러면 바로 3번 생각 찾기로 들어가면 된다.

2. 생각을 바라보면 그 생각은 그 자리에 바로 정지하게 된다. 그러면 그 생각에 대응하지 않고 그대로 내버려 둔다. 그것은 그 생각과 더 이상 대화를 이어가듯 생각을 하지 않는 것

을 뜻한다.

3. 그다음 머릿속에서 생각을 본 쪽이 아닌, 다른 쪽으로 고개를 돌려 또 다른 생각이 또 있는지 계속 찾아본다. 이때 고개를 돌리거나, 눈동자를 굴리며 실제로 머릿속에서 생각을 찾아보는 액션을 해야 한다. 그리고 머릿속에 텅 빈 공간을 위에서 아래로 서치라이트로 이리저리 비추며 생각을 찾아보는 것도 효과적이다. 그래서 생각이 안 보이며 고요한 상태가 되면 성공한 것이다. 그리고도 머릿속에서 생각을 찾으며 경계하다 생각이 보이면 또다시 보고, 놔두고, 찾기를 계속 반복하면 된다.

만약 이것이 잘 안되면 아래의 보완 연습을 통해 좀 더 연습해보면 된다. 걱정하지 말라. 그것도 단지 생각일 뿐이다.

생각클리어 보완 연습 1초 전환하기

생각클리어가 아직 처음이라 익숙하지 않기에 생각을 보면 그대로 놔둔 채, 바로 다른 쪽으로 고개를 돌려 머릿속의 생각을 찾아야 하는데, 습관적으로 자꾸 생각을 이어서 하게 될 수 있다. 그것은 생각을 계속 이어서 하던 습관 때문이기도 하고, 생각이 말하는 문제를 그대로 덜컹 놓기가 두려웠을 수도 있다. 그러나 생각은 생각으로 해결되지 않는다. 생각할수록 점점 더 미궁으로 빠질 뿐. 그럴 때는 우선 생각을 비우고 차분해진 가운데 다시 생각을 해보거나 영감을 통해 지혜로운 답을 얻어야 한다. 또한 의문문으로 생각이 질문할 경우에 자신도 모르게 대답을 해 생각을 이어서 하게도 된다. 보통 실수를 하는 부분이 이런 경우이기에 그 부분을 보완하기 위한 연습이다. 이것을 통해 생각을 계속하던 오랜 습관을 빠르게 끊고, 1초라는 빠른 순간에 생각을 보는 것으로 전환하는 힘을 얻게 될 것이다.

우리는 대부분 반응하는 삶을 살고 있다고 보면 된다. 예를 들어 누군가가 자신을 비난하면 자신도 모르게 바로 반응해 자신을 방어하는 생각이나 그 사람을 비난하는 생각을 하게 된다. 살면서 학습이 된 대로 즉각적으로 반응해 버리게 되는 것이다. 이때 반응하기 전에 약 1초간의 아주 짧은 순간이 존재한다. 그 순간에 반응할 것인지, 그대로 둘 것인지를 결정하는 순간이다. 이 1초를 먼저 인식하고 생각에 대응하면 생각클리어를 좀 더 확실하게 할 수 있다.

이번 실천 방법은 노트에 직접 쓰면서 연습을 해볼 것이다. 연습 초기에는 머리로만 하는 것이 더 헷갈릴 수도 있기에, 노트를 활용하면 더 쉽게 생각클리어를 익힐 수 있다. 그러다가 익숙해지면 노트 없이도 할 수 있게 된다. 다시 방법을 정리해보면, 생각을 보고, 1초를 인식해 그대로 놔두고, 생각 찾기를 하면 된다.

1초 전환하기 생각클리어 연습

1. 노트에 "내가 지금 무슨 생각을 봤지?"라고 쓰고 스스로 그 질문을 한다.

2. 그때 머릿속에서 떠오른 생각이 A라면 그 생각 A를 노트에 적는다(하나의 생각만 적고 빠르게 3번 항목으로 내려갈 것).

3. 그다음 무조건 1초라고 노트에 쓰고, A 생각을 놔둔 채 머릿속에 다른 쪽으로 고개를 돌리거나 눈동자를 돌려 생각을 적극적으로 찾는다. 그때 1초 만에 두 가지 결과로 나누어진다. 첫째는 내가 생각에 관여해 그 생각과 대화하듯 생각을 이어나가는 것이다. 이것은 생각을 하는 상태로 실패이다. 둘째는 1초를 인식하고 A 생각을 놔둔 채 머릿속의 다른 쪽에서 생각을 찾아 잠시 후 생각이 모두 사라지는 상태로 성공이다.

4. 성공과 실패의 결과를 적고 이런 방법으로 약 3~5분간 연습한 후, 연습하기 전의 마음 상태를 100이라고 했을 때, 연습 후의 차분해진 마음 상태를 체크해 0~100중에 해당하는 숫자를 적는다.

1초 전환하기 연습 노트 쓰기 예시

1. 내가 지금 무슨 생각을 봤지?

2. 짧은 시간에 할 수 있을까? (옆에 적은 것은 생각의 예시이니, 본인이 방금 본 생각을 적어야 한다)

3. 1초

4. 성공 20 or 실패 90 (옆의 숫자는 연습 후의 마음 상태 표시이다)

실패의 경우는 2번 항의 '짧은 시간에 할 수 있을까?'라는 생각에 반응해 예를 들면 '못하면 어떻게 하지?' '내가 잘하고 있나?' 등의 생각을 이어서 한 경우이다. 만약 실패를 한 경우 1초 만에 앞의 생각에 반응하지 않고 빠르게 생각 찾기로 넘어가야 한다는 점을 되새기고 다시 해보면 된다.

그리고 나중에라도 만약 생각클리어가 잘 안 될 때가 온다면, 이 연습을 다시 해보면 된다. 1초라는 시간이 매우 짧은 순간이어서 미리 의식하고 있지 않으면 바로 생각 속으로 끌려 들어갈 수 있다는 점과 그 1초가 생각클리어의 성공과 실패를 가른다는 점 꼭 잊지 않아야 하겠다.

생각클리어를 길게 하는 연습

이제 생각클리어에 조금씩 자신이 붙을 것이다. 하지만 그것에서 끝내지 않고 좀 더 길게 그 시간을 연장해 가는 생각클리어를 연습해 보자. 그러면 생각클리어의 여러 효과를 체험해 볼 수 있다.

그 첫 번째 효과는 완전한 마음의 휴식이다. 당신은 완전한 마음의 휴식을 경험한 적이 있는가? 가만히 앉아 있거나 누워 있다고 제대로 휴식을 취했다고 있다고 할 수는 없다. 그때 만약 마음이 복잡하다면 몸은 조금 덜 힘들지 모르지만 진정한 휴식을 취하고 있다고 볼 수 없기 때문이다. 그럴 때 생각클리어로 생각이 모두 사라진 고요한 마음의 상태로 좀 더 깊게 더 길게 들어갈 수만 있다면 완전한 휴식이 가능해진다. 복잡한 하루 일과 중에 잠시라도 온전한 휴식을 취하며 몸과 마음을 재충전할 수 있다면, 그것도 당신의 경쟁력 중의 하나가 될 것이다.

요즘 멍 때리기를 하는 사람들이 많이 있다. 그래서 그것을 생각클리어와 비교해 묻는 사람들이 있다. 마음의 휴식을 취한다는 점에서는 비슷할 수 있으나, 생각클리어는 멍 때리기와는 다르다. 우선 자신이 주도적으로 깨어서 한다는 점, 그리고 생각클리어 후에 일이나 업무, 공부 등에 집중해 능률을 올릴 수 있다는 점이 다르다. 멍 때리기는 복잡한 생각 때문에 너무 머리가 아프기에 잠시 정신줄을 놓는다고 할까. 그렇게 자연 발생적으로 나온 방법이다. 이제는 주도적으로 생각클리어를 통해 휴식도 취하고 능력도 같이 올려보기를 바란다.

두 번째는 뒤에서 배울 왓처명상의 대용으로 사용할 수 있다는 점이다. 명상은 혼자 있을 조용한 공간이 필요하지만, 현대인들은 그런 공간이나 시간을 만들기가 어렵다. 아침에는 바쁘고, 낮에는 혼자만의 공간이 없고, 저녁에는 피곤해서 일 것이다. 명상하고 싶어도 그런 제약들 때문에 못 하는 사람들은 아주 간편하게 언제나 생각클리어를 좀 더 길게 활용해 명상의 여러 효과를 볼 수 있다. 명상은 자세를 갖추고 제대로 해야 하지만 생각클리어는 자세와 상관없이 언제 어디서든 사용할 수 있기 때문이다.

생각클리어를 길게 하는 연습

1. 몸의 자세에 상관없이 몸을 편안히 하고 가만히 눈만 감는다. 편안히 앉거나, 눕거나, 서서도 할 수 있다.

2. 생각클리어를 실행한다.

3. 생각클리어에 성공해 생각이 사라지면 중단하지 말고, 생각을 계속 찾으며 머릿속에서 생각이 오지 않는지 계속 경계한다. 이때 마음의 휴식을 취하고 싶다면 경계하는 것을 잠시 놓아 버리고 그냥 휴식을 취하면 된다.

처음에는 생각이 사라져 고요한 시간이 단 몇 초뿐이겠지만, 계속 연습을 하다 보면 1분 이상에서부터 5~10분까지도 길게 가져갈 수 있다. 그러면 대성공이다. 이때 관건은 생각을 찾는 것에 집중하며 경계상태를 계속 유지하는 것이다. 그러면 길게 고요한 시간을 연장해갈 수 있다.

생각클리어 기대 효과 20가지

생각클리어의 기대 효과 20가지를 한꺼번에 소개한다. 그 전에 생각클리어를 사용해 그 효과를 경험한 사람들의 이야기를 먼저 들어보자.

"생각클리어를 하고부터는 두통이 전혀 올 기미가 없습니다. 두통이 언제부터 있었는지도 모르겠습니다. 기억나는 게 15년 정도 전쯤부터였던 것 같은데... 두통이 없어진 것이 정말 신기할 뿐입니다."

"시험을 준비하면서도 게임을 끊지 못해 하루 5시간 이상 공부에 집중을 못 했는데, 생각클리어를 하면서는 게임하고 싶은 생각이 별로 나지 않습니다."

"업무에 집중도가 높아졌고, 생각클리어를 통해 얻은 아이디어가 회사에서 선정한 솔루션으로 채택되어 놀랐습니다."

"초보 엄마라서 육아가 너무 힘들었는데, 생각클리어로 마음이 편해지니 아이도 더 이해할 수 있게 되고, 그래서 아이와의 사이도 더 좋아졌습니다."

"잔걱정이 많아 잠들기 전, 일어나지도 않은 일에 밤잠을 설치곤 했는데 생각클리어를 하면서 생각을 비우기 시작하니 불면증이 며칠 만에 사라졌어요. 요즘 잠들고 잠 깨는 게 수월해졌습니다."

"해외여행 시작부터 조금 꼬였다 싶을 정도로 정신이 없었는데, 생각클리어로 걱정이나 불만을 잠재웠더니 꼬였다고 생각했던 일까지 전부 좋은 일로 바뀌었어요. 물 흐르듯이 이루어진다는 것이 이런 건가 봐요."

생각클리어 기대 효과 20가지

1. 즉시 괴로운 생각에서 벗어난다.
2. 목표나 소망을 이루기가 쉬워진다.
3. 자신감과 자존감이 올라간다.
4. 아이디어나 영감이 잘 떠오른다.
5. 부정적인 감정으로 커지는 것을 막아준다.
6. 의욕이 생기며 의지력이 올라간다.
7. 머리가 맑고 시원해진다.
8. 쉽게 지치지 않고 몸의 에너지가 좋아진다.

9. 결정이 쉬워지고 현명한 선택을 하게 된다.
10. 일과 업무의 효율성이 올라간다.
11. 기분을 좋게 전환시킨다.
12. 자신 몸이 더 잘 느껴져 직감력이 올라간다.
13. 집중력과 암기력이 높아진다.
14. 자신에게 지금 어떤 것이 필요한지 잘 느껴진다.
15. 부정적인 상황에 잘 휩쓸리지 않아 안정감이 느껴진다.
16. 사람에 대한 스트레스가 줄어 인간관계가 원활해진다.
17. 앞에 있는 사람의 느낌이 더 잘 느껴진다.
18. 불면증 해소에 도움이 된다.
19. 현존할 수 있게 된다.
20. 일상의 만족감과 행복감이 올라간다.

능력을 바로 끌어올리려면

지금 당신은 시험장에서 중요한 시험을 앞두고 초조히 앉아 있다. 그때 보나 마나 시험지를 받자마자 바로 풀기에 들어갈 것이다. 하지만 이제는 다르게 해보자.

시험지를 받아들었을 때 바로 시험지를 읽고 답을 쓰는 것이 아니라, 시험지를 덮어 두고 약 1분간 생각클리어를 해 마음을 먼저 차분히 하고 나서 시험지를 읽는 것이다.

그럴 때 얼핏 그 1분도 아까울 것 같으나 천천히 여유로운 마음으로 시험을 보면 마음이 편안한 가운데 자신의 능력을 십분 발휘해 오히려 더 빨리 시험을 마칠 수 있다. 그리고 중간에 답이 생각나지 않을 때도 생각클리어를 한 후 문제를 풀면 답이 더 잘 떠오르며, 문제 풀기 능력도 올라감을 느끼게 된다. 이처럼 생각클리어를 1분 정도만 하면 능력이 향상될 수 있다.

그렇다면 왜 그럴까? 생각클리어를 통해 생각이 사라지면 생각이란 방해물이 모두 없어지기에 온전히 한 곳에 집중할 수 있는 힘이 생긴다. 백지를 펼치고 그곳에 온 힘을 다해 하나의 그림을 그릴 수 있게 되는 것이다. 또한 생각이 모두 사라진 그 순간은 왓처의 상태가 된다. 그때는 왓처의 무한한 능력을 받아서 활용할 수 있다(이 부분은 3장에서 더 설명할 것이다).

이처럼 자신의 능력을 껑충 올리고 싶다면 어떤 일이든 시작하기 전에 생각클리어를 약 1분간 먼저 실행하고 시작하면 된다. 업무나 일을 시작하기 전, 공부하기 전, 독서를 하기 전, 글을 쓰기 전, 시험을 보기 전, 회의를 하기 전, 사람을 만나기 전, 영업을 하기 전, 면접장에 들어가기 전, 확언을 사용하기 전, 운동 시합을 하기 전(예를 들어 골프 티샷 하기 전) 등 거의 모든 실생활에서 활용할 수 있다.

예를 들어 확언을 사용할 때도 평상시 생각이 많은 가운데 확언을 한다면 다른 생각들에 방해를 받아 확언의 영향력이 올라가기 어렵다. 그러나 생각클리어를 먼저 해 머릿속이 깨끗해진 후에 하나의 확언만 떠올린다면 그 확언에만 집중이 가능하기에 그 말의 힘이 올라가게 되고 확언에 대한 저항감도 약화된다. 이 책의 서두에 소개한 '나의 확신'도 생각클리어를 한 후에 낭독하면 더 효과적이다. 생각클리어를 한 후 매일 3번 이상 리듬감을 가지고 읽으면 당신의 인생도 그렇게 좋은 방향으로 흘러가게 될 것이라 믿는다.

그리고 비즈니스나 중요한 상담으로 사람을 만날 때도 대화 중에 상대방의 말에 집중하지 못하는 경우가 많은데, 그것은 자신이 생각하느라 그것에 신경이 분산되어서이다. 그럴 때도 생각클리어가 그런 방해물을 없애준다. 그리고 자신의 마음이 먼저 비워지면 상대방의 느낌을 읽을 수 있는 직감력이 상승해 그런 가운데 해결책에 대한 영감을 얻기도 한다. 그래서 상담이나 비즈니스를 유리하게 이끌 수 있다.

생각클리어를 사용할 때 능력을 올리는 요령이 있다. 그것은 자신의 능력이 올라간다고 믿고 생각클리어를 활용하는 것이다. 그러면 진짜로 능력이 올라간다. 왜냐하면 자신이 그것을 허용했기 때문이다. 왓처가 할 수 있도록 비켜주었기 때문이다. 혼자서 하려고 애쓰지 말고 이제는 왓처에게 자리를 내어 주자. 그러면 부담감도 따라 내려가 자신이 생각한 것 이상의 실력이 나올 수 있게 된다. 거기다 더해서 에너지도 좋아진다. 부정적인 생각에 에너지를 빼앗기지 않기 때문이다. 그래서 덜 지치며 더 오랜 시간 집중할 수 있게 된다. 이처럼 좋은 점들을 넘어 놀라운 점들이 생각클리어에는 많다. 일하기 전에 그리고 일을 하는 중간에 집중력과 에너지가 떨어질 때 써보면 그 효과를 실감하게 될 것이다.

매번 좋은 결정을 내릴 수 있는 방법

우리는 매일 매일 작은 결정에서부터 중요한 결정까지 계속 선택을 해 나아가야 한다. 오늘 당신은 어떤 선택을 했나? 그리고 그 결정에 만족했는가? 이렇듯 많은 선택과 결정을 해야 하는데, 우리는 그것을 어떻게 하고 있나?

뭐, 사실 그냥 하고 있지 않나. 하루 중에 작은 선택 하나도 그날의 기분을 좌우할 수 있는 중요한 결정이 될 수도 있는데 우리는 무척 허술하게 매번 결정을 내리고 있다. 더 나아가 지금의 선택이 모여져 미래의 나를 결정할 수 있는 일인데도 말이다.

우리는 대부분 생각을 통해 선택을 하는데 그런 생각이 별로 정확하지 못하다. 그리고 자신의 한계 안에서 보수적인 선택을 하게 되는 경우도 많다. 실상 여러 조건을 따져서 해보지만, 그것이 꼭 도움이 된다고 볼 수도 없다. 그런 방식으로는 그때 꼭 필요한 정확한 판단을 내리기가 어렵다. 그러다 보니 우리의 삶이 더 어려워지고 힘들어지는 것은 아닐까. 이제부터는 생각클리어를 활용해 선택을 해보면 어떨까. 그러면 좀 더 본능적이며 직감적인 선택을 찾아낼 수 있다. 그리고 그때 왓처에게도 도움을 받을 수 있다.

생각클리어를 통해 선택하는 요령은 결정을 앞두고 약 30초간만이라도 잠깐 생각클리어로 잡생각을 모두 비우고 고요한 가운데서 선택을 하는 것이다. 생각이 비워지면 몸의 감각이 되살아나고 본능에도 더 가까워지기 때문에 영감이나 직감을 느낄 확률도 더 높아진다. 처음에는 연습이 필요하겠지만 이 방법이 익숙해지면 삶에 도움이 되는 좋은 결정들을 끌어낼 수 있게 될 것이다.

지금 이 책을 쓰면서 필자도 그렇게 하고 있다. 매번 글을 쓰는 작업은 선택을 계속해 나아가야 하는 아주 피곤한 작업이다. 이렇게 쓸까, 저렇게 쓸까, 이것은 뺄까, 저 예시를 집어넣을까, 표현은 이게 좋을까, 저게 좋을까... 등등 계속 결정을 내려야 한다. 그때마다 잠시 생각클리어를 하고 써나가고 있다. 그러다 보니 선택을 고민하는 시간이 줄었다. 그리고 선택한 뒤의 확신도 더 올라갔다.

결정한 후에 어떻게 느끼느냐도 중요한데 그 결정에 만족하는 힘이 커졌다. 내가 직접 안 해도 되니 부담이 없어졌기 때문이다. 이처럼 왓처가 선택하게 하자. 왓처가 일하게 하자. 왓처가 우리보다 더 잘한다. 우리는 그 기회를 제공해주면 되는 것. 그리고 결과를 즐기면 되는 것이다. 그러면 인생이 조금은 더 쉬워진다. 미리 앞서서 머리를 쥐어짤 필요가 없어진다. 이제부터는 고민 끝, 생각클리어로 해결하자!

공부 집중력 올리는 방법

생각클리어는 사실 처음에 공부하기가 힘든 학생들을 위해서 개발한 학습법이었다. 어떻게 하면 더 공부에만 집중하게 할 수 있을까? 더 쉽게 공부할 수 있을까? 그렇다면 그것을 방해하는 것은 무엇일까? 계속 고민하다가 떠오른 것이 '아! 정말 공부하기 싫어!'라는 생각이었다.

공부가 어려운 학생들은 우선 학습능력이 떨어지다 보니 공부를 하려고 책상에 앉기만 하면 '난 능력도 부족한데 지금 공부한다고 될까. 공부하기가 정말 싫어'라는 생각부터 든다고 했다. 그 뒤로 온갖 잡생각과 거기에 딴짓이 더해지다 보니 학습능률이 떨어지고 그런 가운데 억지로 안 되는 공부에 매달리는 악순환 속에 있는 것 같았다. 그래서 그 생각부터 바로잡자고 해서 만든 것이 생각클리어이다.

공부능력을 바로 올릴 수는 없겠지만, 공부를 방해하는 잡생각을 사라지게 하면 고요한 가운데 집중력은 조금씩 올릴 수 있게 된다. 그런 방법으로 계속 공부하다 보면 서서히 공부에 취미를 붙이며 그에 따라 성적도 올라가고 시험에도 합격하게 될 가능성도 생기는 것이다. 또한 집중력이 올라감에 따라 암기력도 좋아지기 때문에 학습 효율도 같이 올라가게 된다. 결국 공부하는 시간 대비 순도가 높은 공부를 하게 되는 것이다. 그런 방법으로 공부한 학생이 보내온 체험담을 소개한다.

제가 준비했던 산업안전기사 시험은 암기해야 할 것이 많습니다. 이런 시험은 얼마나 깊이 있게 이해하는가보다 얼마나 법령 내용을 숙지하는가가 당락을 좌우합니다.

'생각클리어'를 알기 전에는 아무리 급하게 벼락치기 공부를 해도 3시간이 최대치였고, 딴 생각에 휘둘리거나 딴짓을 하기 일쑤여서 공부의 맥이 끊기곤 했습니다. 하지만 '생각클리어'를 알고 나서부터는 시험 준비 기간 동안 저녁에 푹 자고 이른 아침에 상쾌하게 일어나는 생활 리듬이 생겨 늘 머리가 맑은 상태를 유지하게 되었습니다. 그 덕에 6시간 이상 잡생각이 별로 없이 공부에만 집중할 수 있었습니다. 그 결과 절대 학습 양이 많아지고 암기력이 향상

되면서 시험 준비가 잘 된 덕에 얼마 전에 최종 합격 통보를 받았습니다.
시험 당일, 준비한 만큼 문제가 쉽게 잘 풀렸으나 몇몇 문항들은 어렵게 느껴졌습니다. 나름대로 고민을 했으나 아무래도 답이 생각나지 않아 강의에서 배운 대로 1분 동안 '생각클리어'를 했습니다. 그런데 직관력을 높아져서인지 감으로 선택한 답이 꽤 많이 맞아서 저도 놀랐습니다.
저는 운 좋게도 '생각클리어'를 다른 사람들보다 먼저 알게 된 덕분에 시험을 준비하는 과정에서나 시험 당일에도 도움을 많이 받아 목표했던 시험에 빨리 합격할 수 있었습니다.

위의 후기를 쓴 학생처럼 당신도 생각클리어로 공부에 도움을 받을 수 있다. 이제부터는 공부를 방해하는 잡생각부터 생각클리어로 사라지게 하고 난 후 공부를 시작하자. 그러면 생각에 휘둘리지 않고 마음이 조용한 가운데 공부에만 집중할 수 있게 된다.

그럼 공부에 적용하는 법을 더 자세히 알아보자. 우선 1차 목표는 학습에 집중이 잘되는 단계로 잡고, 2차 목표는 몰입에 들어가는 단계로 잡으면 된다. 학습에 집중할 수 있게 되면 어느 순간 몰입으로 들어갈 수 있기 때문이다. 이 과정은 마치 비행기를 띄우기 위해 짧은 활주로를 전속력으로 달리는 것과 비슷하다. 활주로를 달리는 과정을 '집중' 단계라고 보면 되고, 그 뒤에 비행기가 달리던 힘을 받아 하늘로 이륙하는 과정을 '몰입' 단계로 보면 되는 것이다. 이때 물론 공기의 저항이 있다. 공부에서는 그 저항의 대부분이 학습 외의 잡생각과 딴짓이라고 볼 수 있다. 그러나 그것을 생각클리어로 사라지게 하면 된다.

또한 공부 몰입은 벼락치기를 떠올려보면 그 감을 잡을 수 있다. 시험이 한 달 넘게 남았을 때는 시간이 충분하다고 여겨지니까 몰입하기가 힘들다. 하지만 바로 내일 중요한 시험이 있다면 어떨까? 발등에 불이 떨어지면 자신도 모르게 진도가 팍팍 나가게 된다. 그런 경험도 어느 정도 몰입의 상태라고 볼 수 있다.

몰입이 되면 뇌에서 쾌감 물질의 하나인 도파민의 분비가 촉진된다고 한다. 그 결과 두뇌가 최대로 가동되어 최고의 능력을 발휘하는 상태가 되는 것이다. 그러나 공부는 재미없고 지루해 몰입으로 들어가기 위해서는 먼저 집중 단계가 필요하다. 그런데 집중은 누구나 할 수 있다. 하지만 긴 시간 할 수 없는 문제가 있다. 이륙하기 위해서는 전속력으로 달려야 하니까 길게 달릴 수 없는 것이다. 이럴 때 강력하게 한 곳으로 마음의 힘을 모으는 것이 필요한데 그 역할을 생각클리어가 해준다고 보면 된다.

하지만 처음부터 완전한 몰입 단계로 가지 않아도 충분히 공부가 잘될 수 있다. 학생들의 말에 의하면, 집중 단계만 유지해도 공부가 잘되는 좋은 느낌을 받았다고 했다. 물론 공부에 몰입하는 단계가 최종 목표이기는 하지만, 집중 단계에 머물러도 문제가 있는 것은 아니다. 그러니 처음부터 무리해서 몰입에 들어가기보다는 집중 단계를 잘 유지하도록 해보자.

그럼 생각클리어로 공부에 집중하는 연습을 해보고, 그 뒷장의 생각클리어를 통한 학습 효과 9가지도 같이 누려보길 바란다.

생각클리어로 공부에 집중하는 연습

1. 공부할 책을 먼저 펴고(독서할 책도 가능) 생각클리어를 실행해 머릿속을 비운다.

2. 생각클리어를 통해 강력해진 마음으로 책의 학습할 내용에 5분에서 10분간 의도적으로 집중한다. 그때 책 속으로 쑥 빠져들어 간다고 이미지를 그리면 좋다. 다른 어떤 것도 없이 자신과 그 책의 내용만 있는 것으로 느껴보면 된다.

3. 집중이 잘되면 계속 학습하고, 안되면 다시 생각클리어를 한다.

4. 다시 책의 학습할 내용에 5분에서 10분간 의도적으로 집중한다.

5 . 집중이 잘되면 계속 학습하고, 안될 경우 좀 쉬었다가 앞의 과정을 다시 반복한다.

생각클리어의 학습 효과 9가지

1. 책상에 앉자마자 공부가 된다.
2. 인내력과 지구력이 생겨 내가 목표한 공부 지속시간을 채운다.
3. 목표한 진도가 차질 없이 나간다.
4. 10시간을 공부해도 집중력의 순도가 높다.
5. 암기력이 좋아진다.
6. 공부를 했더라도 실전에서 답이 생각나지 않는 경우가 있는데, 답이 잘 생각난다.
7. 직감력이 발달해 답을 찾아내는 능력(찍기 능력)이 좋아진다.
8. 출제 경향에 대한 감이 생긴다.
9. 문제를 풀 시간이 부족하다고 느꼈던 사람들이 전보다 문제를 빨리 풀 수 있게 된다.

불면증에서 벗어나려면

불면증처럼 짜증이 나는 일도 없다. 게다가 몸의 컨디션까지도 엉망이 된다. 이런 불면증 해소에도 생각클리어가 도움이 된다.

불면증은 대부분 생각이 많은 경우라 할 수 있다. 잠을 자야 하는데 이런저런 생각으로 '생각이라는 전등'에 불이 켜져 있어서 잠이 오지 않는 것이다. 숙면을 하기 위해서는 모든 불을 꺼야 하니 생각이라는 전등의 스위치도 같이 내려야 한다. 그럴 때 생각클리어를 하면 된다.

잠이 안 올 때는 대부분 내일 할 일에 대한 생각이나 오늘 있었던 일로 고민하고 걱정하고 또한 해결하느라 분주하다. 그래서 자신이 지금 생각을 하고 있다는 사실을 모른 채 있게 된다. 그럴 때는 '참! 괜한 생각을 하느라 잠이 안 왔구나. 지금 생각을 아무리 해도 답이 없으니 내일 일은 내일 생각하자!' 이렇게 생각에 빠진 것을 알아보고, 생각 모드에서 숙면 모드로 자신의 신체 사이클의 스위치를 찰칵하고 내리는 이미지를 그려보면 좋다. 그런 방법으로 생각클리어를 하면 서서히 긴장이 풀리고 잠이 들게 된다.

그러나 불면증이 너무 심해서 생각클리어가 잘 안 통한다면, 생각이 아닌 자신의 몸에 주의를 두어 보는 것도 좋은 방법이다. 가장 밑에 있는 발가락부터 하나씩 위로 올라오며 움직여보고 그 이름을 불러준다. 그때 감사와 사랑의 마음을 같이 전달해보면 더 좋다.

'새끼발가락아! 내 몸의 제일 끝에서 움직이느라 많이 힘들었지. 오늘도 수고 많았어. 정말 고마워. 오늘 밤도 푹 쉬고 우리 내일 만나자.'

이렇게 몸의 각각의 부위에 의식을 두게 되면 생각이 점차 힘을 잃기에 자연스럽게 잠이 온다. 그리고 잠을 자려고 너무 애써도 다시 생각의 전등에 불이 들어온다는 것을 명심하자. 그때는 '어서 자야 해. 아니면 내일 더 피곤해!'라는 생각을 자신도 모르게 한다. 그럴 때는 그런 생각을 이렇게 전환해 보아도 좋다.

'그래, 지금 꼭 자야만 하는 것은 아니야. 졸리면 잠이 스스로 오겠지. 뭐!'

이렇게 편하게 생각하면 된다. 하루 못 잔다고 세상이 끝나는 것은 아니니 말이다. 이처럼 여유 있는 자세가 부정적인 생각이나 고질적인 불면증을 이기게 한다. 항상 어떤 것이든 고집해 애쓰고 집착할수록 더 어려워지는 법이니까.

생각클리어가 실패할 수 없는 이유

생각클리어는 제대로만 한다면 실패할 수 없다. 그 이유는 당신이 동시에 두 가지 시점에 존재할 수 없기 때문이다. 당신이 생각이라는 컵 속에서 생각을 하는 시점에 있던가, 생각의 컵 속에서 나와 생각을 보는 시점에 있던가, 두 곳 중에 어느 한 곳에만 있어야지 당신이 동시에 두 곳에 같이 있을 수는 없기 때문이다.

생각클리어가 실패하는 대부분의 경우는 생각을 보는 시점에는 아주 잠깐 있다가 생각을 하는 시점 즉, 생각의 컵 속으로 바로 들어가 버리기 때문에 생각이 사라지지 않는 것이다. 그런 이유로 생각클리어는 보는 모드(왓칭 모드)로 계속 있게 하기 위해 방금 본 생각을 놔두고 바로 생각 찾기를 하게 한 것이다. 단 1초도 안 되는 순간에 당신이 다시 생각의 컵 속으로 들어가 생각을 다시 할 수도 있기 때문이다. 그래서 그 1초에도 주의하게 하는 방법을 보완으로 연습하게 했다.

이제 당신이 생각클리어를 제대로 한다면 당연히 생각을 보는 모드, 즉 왓칭하는 모드에 있게 될 것이다. 그러면 생각은 자체 에너지가 소진되는 순간 사라질 수밖에 없다. 이것이 생각클리어를 제대로만 한다면 실패할 수 없는 이유이다.

생각클리어에서 자주 묻는 질문

1. 옆에서 시끄러운 소음이 들리거나 음악 소리가 머릿속에서 계속 맴돌 경우, 그것도 생각클리어로 해결할 수 있나?

가능하다. 그런 소음이 들리는 경우 바로 그다음에 오는 생각을 생각클리어 해야 하나 순식간에 그런 생각이 머릿속에 들어오기에 놓치고 자신도 모르게 생각을 이어서 하게 된 경우다. 예를 들어 소음이 들리는 것과 거의 동시에 '아! 시끄러워. 누가 떠드는 거야'라는 생각이 오고, 바로 이어서 '신경 쓰이네. 근데 이건 어떻게 해야지'라는 생각도 온다. 그런 생각들도 무조건 생각클리어를 해야 한다. 하지만 아직 익숙하지 않다 보니 놓친다. 이제는 소음이 들리면 그것은 그대로 둔 채, 그때 오는 생각을 먼저 생각클리어 하자. 그래서 생각이 사라지면 소음도 더 이상 신경 쓰이지 않게 될 것이다.

공부할 때나 시험을 볼 때 집중하려고 하면 평소 자주 듣던 노래의 후렴구가 맴돌아서 힘들었다는 학생들도 비슷한 경우다. 그 음악 소리를 그대로 두고 떠오르는 생각에 대해 생각클리어를 하면 된다. 이처럼 아주 짧은 순간에도 무의식적으로 생각이 계속될 수 있으니 어떤 생각이라도 경계하며 생각클리어를 해야 한다. 만약 이것이 잘 안되면 앞서 설명한 1초 전환하기 연습을 좀 더 해주면 된다.

2. 어떤 생각은 생각클리어를 해도 계속 떠올라 괴로운데, 그럴 때는 어떻게 하나?

그런 때는 대부분 두 가지 유형의 생각이 드는 경우라 할 수 있다. 첫째는 자신이 해결하지 못한 문제에 대한 생각이 계속 드는 경우이다. 그럴 때는 생각으로 문제를 해결하려고 하면 안 된다. 그럴수록 생각이 더 많아져 머릿속만 복잡하게 되기 때문이다. 우선 그런 생각들을 생각클리어로 깨끗이 비우고 영감을 받아 문제를 해결하는 연습을 해야 한다. 뒤의 4장에서 배울 왓처명상을 하거나 6장에서 설명할 영감에 관해 공부하면 도움이 될 것이다.

둘째는 예전의 감정적인 상처가 건드려져 떠오르는 생각이다. 그것은 그 원인인 감정을 치유해 해소해야 하기에 뒤의 5장에서 배울 감정클리어를 통해 해결하도록 하자. 우선 떠오르는 생각은 생각클리어로 흘려버리고 현재의 일에 집중하는 연습을 하면 되겠다.

3. 생각클리어에 성공하면 어떤 상태가 되나? 어떤 것들을 느끼게 되나?

생각클리어에 성공하면 머릿속에서 생각이 일순간 사라지는 것을 느끼게 된다. 머릿속이 순간 텅 비어 보이는 것이다. 그때 약간은 멍해지기도 한다. 예를 들면 축구 중계나 드라마를 보다가 갑자기 음 소거 버튼을 눌러 소리가 모두 사라진 상태와 비슷하다고 보면 된다. 한순간에 고요해지니 생각 없이 사물을 보이는 그대로 보게 된다. 그래서 아무런 생각 없이 보는 하늘이나 꽃이나 풍경이 더 생기 있게 더 아름답게 보이게 되는 것이다.

4. 생각클리어를 할 때 긍정적인 생각도 모두 없애야 하나?

우선 생각클리어는 생각을 없애는 것이 아니라, 생각을 바라보아 자연스럽게 사라지게 하는 방법이라는 것을 알아야 한다. 생각을 없애려고 하면, '없애야 해'라는 생각을 다시 하게 되기에 생각이 없어지기는커녕 생각을 더 하게 되는 역작용이 일어나기 때문이다. 그래서 생각을 없애려 하지 말고 생각클리어 방법인 보고, 놔두고, 찾기를 해 생각이 자연스럽게 사라지게 해야 한다.

그리고 생각클리어를 할 때는 자신의 머릿속에 나타나는 생각들을 가리지 않고, 즉 부정적인 생각이든 긍정적인 생각이든 바라보아 생각클리어를 해야 한다. 그런 후 깨끗한 마음 상태에서 자신이 꼭 해야 할 생각이나 일, 그리고 목표에 집중할 때 더 효과적이 될 수 있다.

5. 생각클리어가 잘 안된다면 어떻게 해야 하나?

생각클리어가 잘 안된다면 첫째, 위의 질문 1번에서 설명한 것처럼 자신도 모르게 생각을 하기 때문에 그것을 생각클리어 해야 하는데 놓치는 경우이다. 우리가 '배고파'라고 생각하면 순간적으로 연이어서 '뭐 먹지'라는 생각을 하는 것처럼 습관적으로 하는 생각을 놓치고 있지 않은지 살펴보아야 한다.

둘째는 생각을 바라본다는 것이 아직 익숙하지 않아 일어나는 경우이다. 생각이 머릿속에 떠올라 그것을 인식하는 일은 순식간에 일어나는데, 바라본다는 말은 연속의 의미를 두고 있어 길게 보려고 하니 어려운 것이다. 그래서 생각클리어 방법을 보고 바로 놔두고 생각 찾기로 만든 것이다. 생각을 본다는 것은 생각을 인식하는 과정이니, 그것을 거쳤으면 바로 생각 찾기로 넘어가면 어렵지 않을 것이다.

셋째는 생각을 본다고 하고는 확실하게 보지 않는 것이다. 그때는 머릿속에서 떠오른 생각이 있는 쪽으로 실제로 고개를 돌려 생각을 직접 확인하는 연습을 해야 한다.

넷째는 보게 된 생각을 그대로 놔두고 빨리 생각 찾기로 넘어가야 하는데 그러지 못하고 그 생각과 관련된 생각을 연이어서 하는 경우이다. 아마 대부분 이런 경우가 많을 것이다. 이럴 때는 1초 전환하기 연습을 해서 생각을 놔두고 빨리 생각 찾기로 넘어가야 한다.

왓칭 이미지 연습

앞서 설명한 생각클리어 방법에 대한 보완으로 이미지로 왓칭하는 방법을 추가로 설명한다. 왓칭을 할 때 이미지를 떠올리면 좀 더 쉽게 왓칭할 수 있게 되기 때문이다. 왓칭 이미지 연습도 3단계로 되어 있다.

1. 왓칭 이미지 연습 1단계: 슈퍼맨(슈퍼우먼)

왓칭 이미지 연습의 첫 단계로 자신의 뒤에 항상 '슈퍼맨(슈퍼우먼)'이 왓처로서 자신을 왓칭하고 있다는 이미지를 그려보는 것이다. 실제의 왓처는 슈퍼맨보다도 더 큰 능력의 존재다. 하지만 마땅한 이미지가 없다면 익숙한 히어로를 떠올려보는 것도 좋다.

'나는 혼자가 아니야, 나의 뒤에서 슈퍼맨이 언제나 지켜주고 있어. 안심해!'

영화에서도 여주인공이 위기에 처할 때마다 어김없이 슈퍼맨이 나타나 구해주지 않던가. 당신의 곁에서도 슈퍼맨과 같은 왓처가 항상 존재한다. 하지만 왓처가 아직 익숙하지 않기에 대신에 슈퍼맨을 떠올리는 것이다. 이처럼 든든한 보디가드가 언제나 자신을 지켜주고 있다고 생각하자. 그런 힘을 곁에서 느낀다는 것만으로도 한결 마음이 든든해진다. 게다가 더 좋은 점은 앞으로 그 존재로부터 실질적인 보호를 받는 시작점으로 연결될 수 있다는 것이다. 왓칭 수업을 받은 대부분의 여성이 이렇게 말했다.

"어두운 골목길을 혼자 가야 할 때 이런 이미지를 떠올리니 좀 더 편안해졌어요."

어떤 일을 두려워하고 무서워할수록 자칫 그런 부정적인 일들을 끌어당길지도 모른다. 하지만 어떤 도움이라도 미리 가정해 자신의 마음이 편안해진다면 위험과 멀어질 수 있다. 마음으로 빚어지는 일이 대부분이기 때문이다. 그리고 왓칭 능력이 좀 더 올라가면 두려움이란 생각이 만들어 낸 가상의 허구일 뿐이라는 사실을 깨닫게 될 것이다.

당신은 혼자가 아니다. 항상 당신의 왓처가 함께 하며 슈퍼맨과 같이 당신을 보호하고 지켜주고 있다. 걱정되고 두려운 생각도 슈퍼맨이 함께 왓칭하고 있다고 여기면 된다. 이런 방법으로 혼자라는 것에서 벗어나 자신의 곁에 항상 큰 힘이 있다는 것을 인식하는 연습이 필요하다. 세상에 대한 두려움이 많은 사람에게는 특히 더 유용한 방법이다.

2. 왓칭 이미지 훈련 2단계: 아이언맨

1단계 왓칭 이미지 연습이 조금 쉬워지면 이미지 연습의 2단계로 나아간다. 1단계에서는 자신이 생각의 자리에 서 있는 느낌에서의 이미지 연습이었다면, 이번에는 자신이 그 생각을 바라보는 왓처라는 위치에서 생각을 바라보는 연습이다. 자신이 왓처로서 생각인 '아이언맨'을 바라보는 것이다.

영화 〈아이언맨〉에서 주인공인 배우 토니 스타크가 아이언맨 슈트를 여러 벌 갈아입는 장면이 나온다. 여기서 아이언맨의 슈트를 생각과 비슷하다고 보면 된다. 생각이 변화하는 것처럼 슈트도 내가 언제든 갈아입을 수 있는 것이기 때문이다. 그런 이미지를 그리며 왓칭에 적용해보면, 현실 세계의 고통과 스트레스는 슈트(생각)가 받게 되는 것이지, 그 슈트 안의 주인공은 그것(생각)을 언제나 왓칭할 뿐이다. 그래서 그는 언제나 안전하고 고요한 상태에 있다. 그런 배경을 가지고 이 영화를 다시 보면 왓칭이 좀 더 가깝게 느껴질 것이다.

영화 속 주인공은 슈트가 다치면 곧바로 다른 슈트로 갈아입는다. 그것처럼 당신도 그 생각을 고치려 애쓰지 말고 바로 다른 생각으로 갈아입어 보자. 그러면 시간도 덜 걸리고 힘도 덜 든다. 앞으로 자신을 아이언맨의 슈트, 즉 고통을 받는 생각과 감정이라고 여기지 말고, 그 슈트를 바라보는 주인공인 왓처라고 이미지를 그려보면 어떨까. 그러면 이 힘든 세상을 사는 일이 좀 더 쉬워지지 않을까.

영화 〈아바타〉에서도 다리가 불편한 주인공이 행성 판도라의 나비 부족 전사의 몸으로 들어가, 그 몸으로 자유롭게 뛰어다니며 뛰어난 전사로 성장하는 과정이 나온다. 이렇듯 몸이나 생각, 감정은 우리가 다룰 수 있는 대상이지 그것이 우리를 다룰 수 있는 것은 아니다.

이 왓칭 이미지 연습을 통해서 자신이 진정한 왓처임을 자각하면 자신이 생각의 주인이 되는 삶으로 돌아가기가 더 쉬워진다. 앞으로 스트레스를 받는 곳이나 힘든 직장에 출근할 때면 아이언맨의 슈트를 입고 간다고 이미지를 그려보자. 그리고 그 스트레스는 모두 슈트에 넘겨주자. 그렇게만 된다면 더 쉽게 더 간편하게 스트레스에서도 해방될 수 있을 것이다. 자, 이제 안에는 '슈퍼맨(왓처)', 밖에는 '아이언맨(생각)'으로 왓칭 이미지 연습을 해보자.

3. 왓칭 이미지 훈련 3단계: VJ(Video Jockey)

앞에 소개한 두 단계의 왓칭 이미지 연습이 좀 더 익숙해지면 이번에는 자신이 완전한 왓처가 되었다고 이미지를 그려본다. 이것이 왓칭 이미지 연습의 최종 단계로, 이것만 제대로 해도 생각을 떨어뜨려 바라본다는 왓칭의 느낌을 좀 더 확실하게 체험해볼 수 있다.

TV에서 유행했던 리얼 버라이어티 프로그램을 예로 들어 설명해보자. 이 프로그램을 보면서 문득 '이것은 왓처로서 생각을 바라보는 왓칭과 너무 닮았다'고 느꼈다.

여기서 출연자들을 생각과 감정이라고 볼 수 있고, 말없이 그들을 따라다니며 일거수일투족을 촬영하는 VJ(Video Jockey)는 곧 왓처로 볼 수 있다. 출연자와 VJ는 같은 시간 같은 자리에서 똑같은 것을 바라보고 있지만, 느끼는 것은 서로 다르다. 출연자들은 해외여행 중에 뜻밖의 사건들을 통해 겪게 되는 당황스러움, 혼돈, 어려움, 불안 등을 체험하지만, 그것을 곁에서 촬영하는 VJ는 머나먼 이국의 생소한 환경 속에서 고생하는 출연자들이 측은하게만 보일 뿐이다. 그 과정을 통해 출연자들은 자신이 어려움 속에서 조금씩 성장해 나아가는 것을 느낀다. 그리고 VJ는 곁에서 그것을 고스란히 필름에 담는다.

그런데 만약 VJ가 없어 그들을 여행 중에 촬영하지 못했다면 우리는 그런 프로그램을 볼 수 없다. 마찬가지로 왓처가 존재하지 않는다면 우리는 생각과 감정을 알거나 느낄 수 없었을 것이다. 이처럼 생각과 감정은 홀로 존재할 수 없다. VJ처럼 지켜보는 자가 있어 그것도 활동할 수 있는 것이다.

이제까지는 자신만이 삶의 주체라고 느끼고 살아왔을 것이다. 그러나 지금부터는 그런 자신과 좀 떨어져 자신을 지켜보는 입장이 되어 보자. 지금부터는 당신이 직접 VJ가 되어 당신의 몸을 따라다니며 왓칭을 해보자. 처음에는 익숙하지 않아 적응이 잘 안 될 것이다. 매번 자신이 VJ에서 다시 출연자로 돌아가게 될 것이다. 그럴 때면 그 버라이어티 프로그램을 떠올려보라. 그래서 VJ로서 다시 촬영을 재개하고, 또 재개해보자. 그러면 어느 순간부터 '자신과 떨어져 자신을 본다는 것'이 어떤 느낌인지 알게 될 것이다. 그때는 자신이 좀 더 객관적으로 보이게 된다. 자신이 지금 하고 있는 생각, 감정, 말, 행동까지 그대로 지켜보게 되면 자신에 관한 새로운 사실을 알게 될 수도 있다.

또한 매일 매일 울고 웃는 연기자가 아니라 곁에서 묵묵히 그것을 바라보는 VJ로서의 자신이 익숙해지면 문득 이런 사실을 깨달을 수도 있다.

'삶이란 하나의 연극과도 같구나!'

그러면 문득문득 실소도 나올 것이다. 눈앞에 보이는 세상을 심각하게 생각하지 않게 될 것이다. 삶 속으로 깊게 빠져들어 가지 않고 인생을 여유 있게 바라보게 될 것이다. 그것이 왓처로서의 삶이다. 더 지혜롭게 세상을 사는 방법이다. 세상을 살되 세상에 속하지는 말라는 말이 있다. 이제 왓칭을 통해 그것을 실현할 수 있다. 그러나 이 글을 읽고 있는 중에도 생각이 반론을 제기할지도 모른다.

'그렇게 왓칭한다고 일이 다 해결되니?'

왓칭 수업 중에도 이런 질문을 하는 사람들이 있다. 아직 VJ로서 자신을 관찰하며 떨어져서 보는 것을 완전히 경험해보지 못했기 때문에 하는 질문이라 생각한다. 앞서도 얘기했지만, 생각은 하루에 5만여 가지나 되고 그 대부분은 부정적이고 쓸모없는 잡생각들이다. 그렇게 많은 생각에 모두 일일이 대응해야만 한다. 자신의 에너지는 한정이 되어 있는데 온갖 것에 신경을 쓰다 보면 정작 중요한 일에 집중할 수가 없다. 그러나 생각을 곁에서 바라보면 그것을 객관적으로 구분해 옥석을 가릴 수 있게 된다.

'저것은 쓸데없는 생각, 저것도 부정적인 생각, 이것은 필요한 생각'

그런 후에는 좀 더 효율적으로 생각에 대처해 행동할 수 있다. 버라이어티 프로그램에서도 출연자들은 여행 중에 일어나는 모든 일에 대응하게 되지만, VJ는 그것들을 한 번 걸러서 바라보게 되니 더 여유가 생기는 것이다. 어떤가. 백수의 왕인 사자가 사냥을 하는 것도 비슷하다. 가만히 지켜보다가 한 방에 끝낸다. 그러려면 왓칭이 필수다.

두 번째 무지개

당신의 성공 가능성을 올리는 법

생각 제대로 알기

W A T C H E R

나는 꿈꾸는 대로 될 수 있습니다,
나에겐 그럴 능력이 있기 때문입니다.

나를 구속하고 있었던 것이
다름 아닌 나였다는 것을 알았다면,
지금 그것을
풀어줄 용기가 있는가?

나에게 묻는다.

당신은 생각에 완전히 속고 있었다!

당신은 집에서 바쁘게 요리를 하는 중이다. 그러다 무심코 밑을 내려다보다가 깜짝 놀란다. 지금 발 옆쪽으로 바퀴벌레 한 마리가 빠르게 지나가고 있는 것이 아닌가. 이 순간 당신은 어떻게 반응할까?

1. '엄마야! 꺅' 소리를 지른다.
2. 빨리 그 자리에서 도망간다.
3. 바퀴벌레를 멀리 내쫓는다.
4. 바퀴벌레를 확 밟아 죽인다.
5. 별일 없다는 듯 그냥 하던 일을 계속한다.

5번의 답을 제외하면 '바퀴벌레가 너무 무서워(싫어)!' 하는 생각이 순식간에 일어나서 한 행동일 것이다. 그렇다면 당신에게 다시 질문하겠다.

1. 예전에 바퀴벌레가 당신을 물었던 적이 있었나?
2. 아니면, 바퀴벌레가 당신에게 어떤 해를 가한 적이 있었나?

아마 대부분의 사람은 바퀴벌레에게 직접적으로 피해를 본 적이 없을 것이다. 그렇다면 왜 소리부터 지르고 줄행랑을 치려고 했을까? 이 현상에 대해 정확하게 시시비비를 가려보자. 그리고 매번 바퀴벌레를 볼 때마다(다른 사람들은 못 보고 지나쳐도 이런 사람들은 꼭 본다) 두려움을 느끼는 사람들은 그것에서 벗어날 수 있는 방법도 함께 알아보자. 그럼 다시 질문해본다.

"언제부터 당신은 바퀴벌레를 무서워하게 되었는지 기억하는가?"

아마 태어나자마자부터 바퀴벌레가 무서웠던 것은 아닐 것이다. 그렇다면 바퀴벌레가 무섭다는 것을 당신의 머리에 심어준 사람들이 있었거나 그런 정보가 있었을 것이다. 그것이 아니라면 바퀴벌레를 무서워할 일도, 신경 쓸 일도 없지 않은가. 이제 '바퀴벌레가 무서워(싫어)!' 라는 그 생각을 잘 살펴보자. 여기에 실마리가 있다. 그럼 다시 당신에게 물어보자.

"바퀴벌레가 무서운 이유가 실제로 그 바퀴벌레 때문인가, 아니면 '바퀴벌레가 무서워(싫어)!'라는 생각 때문인가?"

지금까지 이 문제에 대해 계속 질문을 던진 것은 당신이 확인 없이 생각(정보)을 믿고 있다는 것을 깨우쳐 주기 위해서다. 우리는 이제까지 바퀴벌레를 오해하고 있었다. 사실 그는 범인이 아니다. 무서운 존재가 아니다. 당신이 '바퀴벌레는 무서워(싫어)!'라는 생각을 확인 없이 그대로 믿고 따랐기 때문에 그런 것이다. 그렇게 정보가 기억되어 있어 보는 즉시 자동으로 '무섭다(싫다)'는 생각이 튀어나오게 된 것뿐이다.

사전에서 바퀴벌레를 검색해보면 음식 찌꺼기 등에 있는 병·해충 등을 운반하는 곤충이라고 나와 있다. 그 때문인지 바퀴벌레는 사람들에게 도움이 되지 않는 해충으로 기억된다. 하지만 바퀴벌레가 꼭 유해한 것만은 아니다. 만약 바퀴벌레가 이 세상에서 모두 사라진다면 생태계의 일부를 무너뜨려 인간에게까지도 영향을 미칠지 모르는 일이다.

생태계는 먹이사슬로 연결되어 있다. 1차 소비자가 벌레들이고, 그것을 먹는 2차 소비자가 있고, 최종 소비자는 인간이다. 그런데 벌레들이 다 없어진다면 차례로 생태계의 사슬이 무너지면서 인간까지도 위태로울 수 있다. 최근 반딧불이가 많이 없어진 것도 그 곤충이 먹던 다슬기가 환경오염으로 줄어들었기 때문이다. 또한 바퀴벌레는 미생물 다음으로 음식 찌꺼기 등을 많이 먹어 치워 오히려 환경오염을 막고 있기도 하다. 그러나 우리는 바퀴벌레를 해충으로 규정짓고, 무서워하고 싫어하고 있다.

이렇듯 바퀴벌레 자체로는 당신을 괴롭힐 수 없다. 다만 '바퀴벌레는 무서워! 징그러워!'하는 생각이 두려움을 가져오는 것이다. 따라서 '바퀴벌레는 무서워'라는 생각은 정확한 사실이 아니다. 그렇게 진실이 아닌 생각을 믿게 되는 순간부터 두려움은 시작된다. 그래서 바퀴벌레에 대한 두려움에서 벗어나는 첫 단계는 그런 생각에 속지 않는 것이다. 그리고 이번 기회에 당신이 가지고 있는 두려움이 어떤 생각으로부터 오는지 정확하게 살펴볼 필요가 있다.

우리는 온종일 생각하며 판단해 결정을 내리고 있다. 간단하게는 점심때 '파스타를 먹을까, 김치찌개를 먹을까?'로부터 시작해 거의 모든 중요한 결정을 생각으로 하고 있다. 그런 중요한 의사결정 도구인 생각에 대해 당신은 의문을 품어 본 적이 있는가? 그렇다면 예전의 그런 생각들은 모두 정확했을까? 그래서 당신에게 늘 정확한 길을 알려 주었던가?

"그 생각들은 정말 정확했을까?"

이 질문은 매우 중요하다. 앞서도 언급했듯이 우리는 생각으로 판단해 결정하고 있는데 그 생각이 잘못된 사실들을 말해 왔다면, 우리 삶은 어떻게 되는 걸까? 그것을 믿고 따르며 사는 우리의 현재와 미래도 그것에 따라 꼬일 수밖에 없는 것은 아닐까? 앞서 말한 바퀴벌레의 얘기와 같이 정확하지 않은 생각을 무조건 따르다 보니 두려움이 오는 것처럼 말이다. 현재 당신의 삶이 힘들다면 그것이 잘못된 생각 때문인지 우선 생각부터 다시 점검해봐야 할 필요가 있다는 것이다. 그리고 앞의 장에서 배웠던 생각클리어를 통해 결정하면 좀 더 현명한 선택을 할 수 있다.

이처럼 우리가 하는 생각은 대부분 정확하지 않다. 우리는 항상 생각을 좇아서 살아왔기에 또다시 '그럼 어떻게 생각해야 하지?'라는 생각이 꼬리를 물고 나올 수도 있다. 하지만 지금 그 생각도 별로 도움이 되지 않는다. 그것보다는 생각이라는 게 왜 정확하지 않은지 계속 추적해 생각이 어떤 방식으로 우리를 속이고 있는지 알아보는 것이 더 중요하다. 그런 의미에서 생각에 대해 좀 더 살펴보기로 하자.

생각이 미치광이 집이라니

정신과 의사였으며 마더 테레사가 상찬한 세계적인 정신 진화 전문가인 데이비드 호킨스 박사의 책《나의 눈》에 보면 마음에 대해 이렇게 말하고 있다.

> 마음을 처음 살펴보면 생각, 관념, 개념, 의미, 기억, 계획, 걱정, 의심, 반복, 엉뚱한 말이 끝없이 이어지는, 멈출 줄 모르는 이야기 기계처럼 보인다. 그 다음에는 음악이나 노랫가락, 과거의 사건, 얘기, 문장, 각종 사건이나 얘기 줄거리, 의견, 추측, 대상에 대한 이미지, 자신의 과거와 현재의 단편들이 일어난다.
> 다음으로는 상상, 환상, 몽상, 두려움, 억측, 수많은 망상들이 이어진다. 이 모든 끝없는 지껄임에 뉴스, 미디어 이벤트, 영화 장면, 텔레비전 쇼, 인터넷 대화의 단편들이 끼어든다. 이들의 맨 꼭대기에는 돈이나 일과 관련된 걱정거리, 지불해야 할 청구서, 계획, 가족, 문화, 정치, 개인적인 관심사 등을 비롯하여 무수히 많은 것들이 자리 잡고 있다.

처음에는, 자신이 도저히 어떻게 해볼 여지가 없는 엄청난 늪이 존재하는 것처럼 보인다. 그러다가 마음에 초점을 맞추고 집중하다 보면 논리적인 생각이 연속되는 것 같기도 하다. 그러나 곧이어 마음은 재빨리 생각과 이미지와 판타지들이 끊임없이 일렁이는 어지러운 바다로 빠져든다. 이 모든 것에서 과연 어떤 의미를 찾는 것이 가능한가? 이 미치광이 집 같은 것에 다가가려는 노력을 할 만한 근거지로 삼을 곳이 있을까?

데이비드 호킨스 박사는 좀 더 나아가 마음을 '미치광이 집' 같다고 표현했다. 이처럼 생각이 정확하지 않은 것을 넘어 어떤 생각들은 우리를 미친 듯이 잡아끈다는 것이다. 그럴 때면 미치광이와 같은 생각으로 판단해 그것에 따르고 있는 것이 된다. 물론 긍정적인 생각과 논리적인 생각, 그리고 창의적인 생각은 여기서 빼기로 한다. 주로 부정적인 생각들이 잘못된 판단으로 이끌어 두려움과 고통 속으로 몰아가고 있다. 그런 예를 하나 들어보자.

지금 어린 딸이 밤 11시가 넘었는데 연락도 되지 않고 귀가를 하지 않고 있다고 하자. 그럴 때 부모의 마음은 어떻겠는가. 아마도 별의별 생각이 다 들 것이다. 마침 그때 TV에서 납치나 강간에 대한 뉴스라도 나온다면 머릿속 생각은 더 심각하게 떠들 것이다.

'정말 사고라도 난 건 아닐까. 혹시 우리 딸이 이상한 놈들한테 끌려가기라도 하면….'

'아니야, 그럴 일은 없을 거야!'

'아니야, 이상해. 이렇게까지 연락이 없었던 적이 없는데 뭔가 큰일이 일어난 건지도 몰라.'

'그럼, 우리 불쌍한 아이를 어떻게 하지.'

'안 되겠다. 당장 경찰서에 신고하러 가야겠다. 도저히 앉아서 기다릴 수 없어!'

이런 생각들로 머릿속에 여러 차례 지진이 일어날 것이다. 그러나 얼마 후에 딸은 아무런 일도 없었다는 듯 집에 들어오며 말한다.

"핸드폰 배터리가 다 떨어진 줄 몰랐어, 엄마!"

"친구랑 얘기하느라 시간이 벌써 이렇게 됐네, 미안해. 엄마!"

그때 미치광이와 같은 생각을 원망할 것인가, 아니면 딸을 원망할 것인가. 자신의 딸을 못 믿고 미친 듯이 날뛴 그런 생각을 원망해야 하지 않을까.

이처럼 우리가 걱정하는 대부분의 일은 현실에서 잘 일어나지 않는다. 만약 걱정하는 모든 일이 다 발생한다면 아마 세상의 모든 보험회사는 다 망했을 것이다. 그러나 걱정을 기반으로 한 보험회사들은 지금도 이익을 내고 있다. 물론 보험회사가 필요치 않다는 것은 아니다. 다만 우리가 그런 부정적인 생각들에 쉽게 굴복하는 것이 안타깝다는 것을 말하려는 것이다. 보험회사는 우리들의 생활을 지켜주고 있는 든든한 친구다. 우리가 앞으로 더 현명해진다면 정말 걱정할 일들을 잘 가려 보험회사를 활용할 수 있을 것이다.

그리스 철학자 에픽테토스는 이런 말을 남겼다.

"우리를 힘들게 하는 것은 우리에게 일어나는 일이 아니라, 그 일에 대한 우리의 생각이다."

여자의 우울증 발병률이 왜 남자보다 2배 높을까

신경정신과 의사이자 신경 정신분석학자인 루안 브리젠딘이 쓴 책 《여자의 뇌, 여자의 발견》에 보면 여자와 남자의 뇌는 태어날 때부터 이미 다르며, 그것 때문에 서로 다르게 행동하는 것이라고 한다.

여자들은 하루에 약 2만 개의 단어를 사용하는 데 비해 남자들은 약 7,000개의 단어를 사용한다. 여자의 뇌에서는 커뮤니케이션을 담당하는 부분이 더 크기 때문이다. 또한 여자의 뇌에서 정서적인 기억을 담당하는 부분도 커서 다른 사람들과의 관계를 중시하고 정서적인 반응에 예민하며 감수성이 뛰어나다.

그렇게 여자의 뇌를 가지고 태어나면 처음부터 다른 사람의 얼굴을 살피는 일에 관심을 가지게 된다. 그것은 여자아이 뇌가 생후 3개월 동안 상호응시에 관한 능력이 400배 이상 증가하기 때문이다. 마치 얼굴의 표정이 바뀌는 것을 신호등이 바뀌는 것처럼 느껴, 바로 이것이 현실을 인식하는 가장 중요한 시금석이 된다. 따라서 여자아이들이 가장 못 견뎌 하는 게 표정이 없는 얼굴이다. 무표정한 얼굴과 마주치면 자신이 뭔가 잘못을 해서 그런 것이라고 해석하기 때문이다.

만약 엄마가 불안한 상태에 있다면 그 영향이 그대로 전달되어 아이에게 각인된다. 그렇게 여자아이가 생후 2년간 흡수한 엄마의 신경체계는 현실을 받아들이는 감각에 평생 영향을 미치게 되는 것이다. 반면에 남자아이들은 여자아이보다 그 영향이 덜하다. 이런 이유로 여자들은 우울증에 더 취약한 기반을 가지고 있다.

그러나 자신이 정서적으로 문제가 있다고 생각되더라도 부모님을 원망하지는 말자. 그런 부정적인 생각은 더 큰 부정성으로 커지기에 결코 현명하지 못하다. 다만 조금이라도 이해하려는 마음을 가져보자. 부모님은 그런 사실을 미리 알지 못했고, 부정적인 생각과 감정을 다루는 데 서툴렀던 것뿐이다. 우리는 생각클리어를 알게 되었으니 이제부터라도 부정적인 생각을 잘 다스리면 된다. 그리고 자신이 부모가 되었을 때 사랑하는 자녀를 위해 그 전철을 밟지 않도록 하는 것, 그것이 더 지혜로운 일일 것이다.

똑같은 것을 보고도 사람들은 왜 다른 생각을 할까

지금 도심 교차로에서 삼중 추돌 사고가 나서 여러 사람이 다쳤다. 그 광경을 그 시간 그 자리에서 똑같이 목격한 사람들이 그 사고에 대해 경찰에게 진술하고 있다. 그런데 경찰이 목격자들의 진술 내용을 듣고 깜짝 놀란다. 사람들이 의도적으로 거짓 진술을 하려는 것이 아닌데도 모두 조금씩 다른 진술을 하고 있기 때문이다.

왜 똑같은 장면을 보고도 목격자들은 서로 다른 진술을 하게 되는 걸까? 그것은 사람마다 자신의 시각에서 보고 생각한 대로 말하기 때문이다. 즉, 우리는 자기 생각에 비추어 어떠한 사실을 보게 된다. 결국 있는 그대로의 사실을 보는 것이 아니라, 자기 생각에 비추어 보는 것이다.

이것은 매우 중요하다. 우리는 모두 각자의 고유한 과거의 경험을 가지고 있다. 그것이 축적되어 자신만의 시각을 만들게 되고 그런 관점에서 드는 생각을 말하는 것이다. 이처럼 어떤 일도 있는 그대로를 정확하게 본다는 것은 매우 어려운 일이다. 이렇듯 남자와 여자의 생각이 다를 수 있고, 6개월 된 아기가 세상을 처음 접하고 생각하는 것과 60세 노인이 보고 생각하는 것은 다를 수밖에 없다. 각자 자신이 보고 기억했던 부분을 토대로 생각할 수밖에 없기 때문이다. 이런 사실이 생각이 가져오는 착각 중 하나이며 또한 생각이 정확할 수 없는 이유다. 어쩌면 우리는 이처럼 매우 불완전한 상태로 세상을 보고 있는 것이다. 그럴 때 과연 무엇이 진실하다고 할 수 있겠는가.

게다가 이것이 다가 아니다. 우리는 자기 생각을 통해 자신만의 해석을 하나 더 덧붙이게 된다. 꼬리표를 붙이는 것이다. A라는 여자가 B라는 남자와 결혼해 살다가 C라는 남자와 갑자기 사랑에 빠졌다고 하자. 그러면 A라는 동일한 여자를 놓고 B는 그녀를 '나쁜 여자'라 하고, C는 '그녀는 아름다운 사람'이라고 할 것이다. 이렇게 생각에 해석이라는 꼬리표를 달게 되면 우리는 더더욱 실체를 제대로 보지 못하고 진실에서 점차 멀어지게 된다.

이처럼 우리가 경험하는 세상은 알고 보면 자기 생각의 결과물이다. 진실이라고 보기 어렵다. 그 생각을 거슬러 올라가 보면 자신만의 해석과 편견을 만나게 된다. 세상의 많은 왜곡과 오해가 이렇게 시작된다.

타인에 대해 가진 서로 다른 태도만 봐도 알 수 있다. 우리는 자신에게 실수했거나 자신의 아픈 부분을 건드린 사람을 비판하고 미워한다. 그 사람이 다른 사람들에게는 아주 훌륭한 사람으로 보이더라도 말이다. 이렇듯 우리는 생각이 만들어 낸 편견으로 가득한 세상에서 살고 있다. 안타깝게도 좁다랗게 울타리를 친 자기 생각 속에서 안주

하고 있다. 따라서 이런 생각에서 빠져나와야 한다. 깨어나야 한다. 생각을 무조건 믿고 맹종하지 않아야 한다. 생각이란 진실을 말하고 있지 않을 가능성이 매우 크기 때문이다. 이것을 연습하기 위해 이 책의 제일 뒤의 부록에 〈자신을 괴롭히고 있는 생각 점검해보기〉 코너가 있으니 활용해보면 좋겠다.

인생의 고통이 시작되는 이유

이제까지 생각에 대해 계속 부정적인 얘기를 풀어놨다. 그렇다 보니 이런 부정적인 생각들만 없어지면 인생이 제대로 풀릴 것 같다. 하지만 이것 또한 하나의 생각이다. 그리고 그 생각마저도 부정확할 수 있다. 이제 그런 생각을 탓하지 말자. 왜냐하면 생각이 당신을 잡고 흔든다고 생각하지만, 그렇게 허용한 것이 결국은 당신이라는 사실이기 때문이다.

앞서 무서운 바퀴벌레 얘기를 했다. 그때 바퀴벌레가 무서운 이유가 실제로 그 바퀴벌레 때문이 아니라 '바퀴벌레가 무서워(싫어)!'라는 생각 때문이라고 했다. 하지만 문제는 그 생각을 붙잡은 당신에게 있다. 이번 이야기를 들어보면 더 이해가 될 것이다. 한 체로키 인디언 추장이 자신의 손자에게 인생을 가르치며 말했다.

"인간의 마음 안에서는 늘 싸움이 일어난단다. 그것은 너무 끔찍한 싸움이어서 마치 두 마리의 늑대가 싸우는 것과도 같지. 하나는 악마야. 이놈은 분노, 질투, 슬픔, 후회, 탐욕, 교만, 분개, 자기연민, 죄의식,

열등감, 거짓, 허영, 잘난 척하기, 그리고 자신의 거짓 자아를 나타낸단다. 다른 놈은 선한 놈이지. 이놈은 기쁨, 평화, 사랑, 희망, 친절, 선의, 고요함, 겸손함, 동정심, 관대함, 진실, 연민, 신뢰를 나타내지. 이런 싸움은 네 안에서도 계속 일어나고 있고, 모든 사람의 마음에서도 일어난단다."

어린 손자는 잠깐 그 말을 생각하다가 할아버지에게 되물었다.

"그럼 그때 어떤 늑대가 이기나요?"

그러자 체로키 추장이 간단하게 대답했다.

"네가 먹이를 주는 놈이 이긴단다."

이 말은 당신이 붙잡은 그 생각이 당신에 대한 주도권을 가지게 된다는 뜻이다. 그것은 그 생각을 당신이 붙잡지만 않는다면, 두려움이 시작되지 않을 수도 있다는 사실을 깨우쳐 준다. 두려운 생각이 들었더라도 그 생각에 먹이를 주지 않고 무시하듯 흘려버렸다면, 바퀴벌레 때문에 무서워 에너지를 낭비하지 않았을 수도 있었다는 것이다. 이것은 앞서 배운 생각클리어 방법 중 2단계와 비슷하다. 보게 된 생각을 그대로 놔두고 다른 곳으로 방향을 트는 것 말이다.

옆의 그림처럼 당신이 생각을 붙잡는다는 것은, 당신의 머릿속에서 1초에 하나꼴로 쉴 새 없이 지나가는 생각들 가운데 당신이 끌리는(관심이 가는) 어느 한 생각을 붙잡아 그 생각의 컵 속으로 들어가는 것을 뜻한다. 그러면 그 생각과 연관된 또 다른 생각들이 잠재의식으로부터 끌려 나와 연속적으로 그런 생각에 빠져들게 된다. 귀신이 나오는 무서운 영화를 보게 되면 집에 와서도 밤새 귀신에 대한 생각이 끊이지 않는 것처럼 말이다.

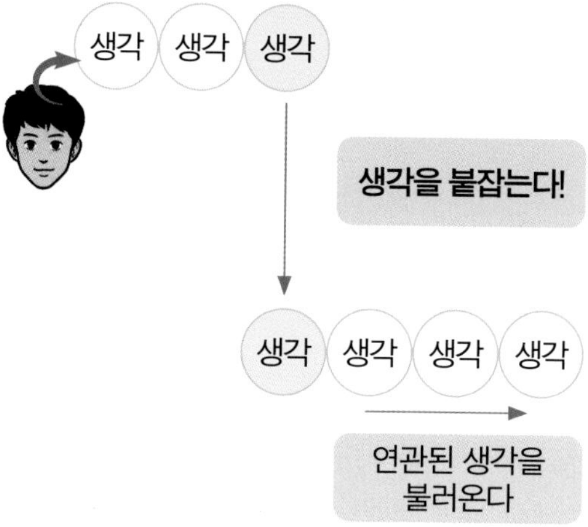

그렇다고 생각이 꼭 나쁜 것만은 아니다. 생각도 우리에게 필요하니 엄연히 존재하고 있다. 다만 그런 생각을 제대로 알고 지혜롭게 활용하자는 것이다. 생각이라는 것이 강력하긴 하지만 그것을 붙잡지만 않는다면 그 생각의 굴레에서 얼마든지 벗어날 수 있다. 그리고 만약 생각을 붙잡았더라도 당신이 그 생각을 놓으면 된다. 그 얘기는 생각이 당신을 붙잡는 행동을 할 수 없다는 사실이다. 생각은 그저 말뿐이기 때문이다. 오직 당신만이 생각을 붙잡을 수도, 놓아버릴 수도 있다. 그러니 생각 때문에 괴로우면 자신이 그 생각을 붙잡았다는 사실을 알고 그것을 놓으면 된다.

이처럼 우리에게는 생각을 선택하고 또한 놓을 수 있는 힘이 있다. 결코 생각이 우리보다 더 큰 힘을 가진 것이 아니다. 모든 것은 우리 자신에게 달린 것이다. 그렇다면 앞으로는 선한 늑대를 선택하겠는가. 그리고 혹시 악마의 늑대를 선택하더라도 놓을 수 있겠는가. 그렇지 않을 경우 어떤 대가가 오는지를 다음의 역사적 이야기에서 볼 수 있다.

영화 〈사도〉를 보고 생각에 대해 다시 생각하다

영화 〈사도〉는 조선 영조 때의 비극적인 역사를 담은 영화다. 영조는 그때 자기 아들인 사도 세자를 왜 죽일 수밖에 없었을까? 이런 참혹한 비극은 도대체 어디부터 잘못되어 일어난 것일까?

나이 40이 넘어 늦게 얻은 아들이 기특했던 영조는 일찍이 세자에 책봉하고 왕이 되는 수업을 시킨다. 그러나 처음에는 총명하게 수업을 잘하던 아들이 점차 성장하자 다른 것에 관심을 보이기 시작하고 결국 공부에 소홀하게 된다. 그때부터 두 사람은 조금씩 어긋나기 시작한다. 자신이 부당한 방법으로 왕이 되었다는 부담감을 안고 있는 영조는 아들만큼은 신하들과 백성들에게 존경받는, 제대로 된 왕을 만들어 조선의 태평성대를 열고자 했다. 그것이 아버지로서의 당연한 마음이었다.

반면에 아들 사도 세자의 생각은 그것과 달랐다. 공부보다는 그림을 그리고 자신이 원하는 대로 살기를 소망했다. 지금으로 보면 매우 감성적인 아이라 할 수 있다. 그렇지만 아버지는 아들에 대한 사랑을 공부를 제대로 시키고 감독하는 것으로 표현했다. 하지만 아들인 사도 세자는 직접적인 아버지의 사랑을 받고 싶었다. 이것은 아들의 마음이었다. 결국 두 사람의 생각이 많이 달랐다. 그것으로부터 비극은 잉태되기 시작한다.

생각은 누구나 다를 수 있다. 또 같은 목표를 바라보더라도 그곳으로 가는 길은 여러 갈래가 있다. 하지만 그 두 사람은 끝내 자신이 붙잡은 생각 속에서 빠져나오지 못하고 그것의 희생양이 되고 만다. 그런 생각들이 커져 주변으로부터 그에 관련된 사건을 끌어당기게 된 것이다. 마침 그것을 눈치챈 조정의 간신배들은 자신들의 권력 유지를 위해 세자에 대해 모함을 하게 된다. 또한 사도 세자도 자신의 감정을 주체하지 못해 몇 가지 사건들을 저지르고 만다. 그 결과 두 사람은 영영 돌아올 수 없는 다리를 건너게 돼 버렸다.

보통의 평범한 가정이었다면 그런 일로 아들을 죽일 수는 없었겠지만, 왕으로서는 역모의 마음을 품고 있는 세자를 신하들 앞에 그대로 놓아둘 수는 없는 일. 왕의 자리는 오직 하나이며, 그것은 아들과도 결코 나눌 수 없는 것이기 때문이다. 그렇게 서로 다른 생각으로 인해 있어서는 안 될 참담한 역사적 비극이 벌어지게 됐다. 결코 서로에 대한 사랑이 없어서가 아니었다. 마지막으로 사도 세자가 뒤주에서 죽기 전에 아버지인 영조와 나누는 대화가 영화에서 독백처럼 흐른다. 영조는 그때 이렇게 말하며 울부짖는다.

"이것은 운명이다!"

그러나 지금에 와서 그것을 다시 보면, '운명이 아니라 생각에서 벗어나지 못해 발생한 비극'이라고 할 수도 있지 않을까. 우리가 지금 '왓칭'을 만나서 배우고 있는 이유가 여기에 있다. 결코 그런 비극의 희생양이 되어서는 안 되기 때문이다. 서로 생각이 다를 수는 있지만 그 생각으로 불신이 깊어져 두려움에 휩싸일 때 돌아올 수 없는 강을 건널 수도 있게 된다.

영화 〈사도〉 중간에 우울한 기분을 한꺼번에 탁 트이게 해주는 대사가 나온다. 바로 사도 세자가 답답한 마음에 활을 당기며, 훗날 정조가 되는 자신의 아들에게 말하는 장면에서다.

"허공으로 날아간 저 화살이 얼마나 떳떳하냐(飞向天空的那支箭多么坚韧啊)!"

그 당시 사도 세자의 마음을 가장 적절하게 나타낸 말이다. 모두 과녁을 향해 화살을 당긴다. 그리고 과녁에 명중하면 좋아하고 과녁을 벗어나면 실망한다. 하지만 꼭 과녁을 맞히는 것만이 정답일까?

위의 얘기를 통해 과녁에서 벗어난 화살도 충분히 훌륭하고 멋진 배움을 전달해 준다. '사도 세자라는 화살'이 생각에 대한 시사점을 던져주고 있는 것처럼 말이다. 이처럼 모든 경험과 그것을 겪은 모든 사람은 다 위대하다. 참담한 역사적 비극이지만, 생각의 무서움을 다시금 일깨워주는 경종으로 삼았으면 하기 때문이다.

또한 이런 사실도 깨달을 수 있다. 여기서 과녁은 생각을 상징하는 것이며, 과녁을 벗어난 화살은 '생각에서 자유로워진 나'를 뜻한다고 볼 수 있다. 이처럼 우리는 생각에서 벗어나면 어디든 날아갈 수 있는 화살과 같은 '대자유인'으로 자유롭게 인생을 살 수 있는 것이다.

당신이 노력에서 벗어나도 되는 이유

어떨 때는 백 마디 말보다 하나의 그림이 더 쉽게 깨닫게 해준다. 옆의 그림을 보자. 당신도 그 그림처럼 지금 발목에 부담감이라는 모

갈등
자책
후회
걱정
분노
슬픔
두려움
불안
부담감
부담감
고생길
쉬운길

래주머니를 여러 개 차고 있지는 않은가? 머리에 걱정, 후회 등의 부정적인 생각들을 잔뜩 이고 있지는 않는가? 가슴에 분노, 불만, 죄책감, 두려움, 불안, 슬픔의 감정을 껴안고 있지는 않은가? 그런 상태로 가파르고 꼬불꼬불한 '고생길'을 힘겹게 달려가고 있지는 않은가? 바로 옆에 평탄한 지름길인 '쉬운길'이 있는데도 말이다.

그렇다면 이런 사태가 어디서부터 시작된 것일까? 앞서도 말했지만, 머릿속에 생각이 드는 대로 따라가다 보니 이렇게 된 것은 아닌지 점검해보아야 한다.

'난 능력이 없으니 더 열심히 노력해야만 먹고 살 수 있어!'

이런 생각이 항상 자신의 마음속에 자리 잡고 있지 않았는지 살펴보자. 그리고 그것에 대해 꼭 짚고 넘어가 보자. 바로 '노력'에 대한 얘기다.

현재 자신의 수입이 적은 것은 노력을 게을리했기 때문이라고 많은 사람이 생각한다. 그러나 그것은 잘못 알고 있는 것이다. 자신의 수입은 자신의 가치의 척도이다. 즉 자신의 존재 가치를 높다고 보면 그에 따라 수입도 높을 수밖에 없다. 하지만 자신의 존재 가치가 떨어진다고 생각하기에 노력에 매달리게 된다. 하지만 끝까지 노력하기는 어렵다. 노력하는 동안에 지치거나 자신의 능력에 대해 계속 의심하기 때문이다.

열심히 노력한다는 것은 높은 빌딩의 계단을 하나씩 걸어 올라가는 것과도 비슷하다. 아무리 체력이 좋은 사람이라도 오르다 보면 지친다. 스트레스를 받는다. 하지만 빌딩을 오르는 방법에는 에스컬레이터도 있고 엘리베이터도 있다. 그럼 왜 당신은 에스컬레이터나 엘리베이터를 타지 않는가? 그것은 가령 혼자서 다 하지 않기, 쉬어 가면서 하기, 하기 싫은 일은 거절할 줄 알기, 기대에 부응하려고 애쓰지 않기, 남들의 눈치 보지 않기 등 자신의 페이스대로 일하는 것을 뜻한다. 당신은 그렇게 할 수 있다. 엘리베이터를 탈 수 있는 충분한 자격이 있다.

애벌레를 보라. 그도 나비가 되려고 애쓰지 않는다. 다만 입맛에 당기는 풀만 먹을 뿐이다. 그런 애벌레조차도 힘들이지 않는데 당신이 꼭 애쓸 필요가 있을까. 자신의 재능을 믿어야 그런 재능도 튀어나오지 않을까. 당신은 무한한 가능성을 이미 지니고 있다. 그러니 애쓰지 않아도 되는 자신의 가치를 믿어 보자. 그런데 그때 또다시 생각이 끼어들지도 모른다.

'노력하지 않고 성공할 수 있어?'

그러면 이제는 당당하게 말할 것이다.

"노력하는 것보다 더 중요한 것이 있지. 그것은 바로 '나'야! 내가 우선이고, 내가 좋아야 그때 노력도 하게 되는 거라고."

노력하지 말라는 말이 아니다. 다만, 노력해야만 한다는 생각을 믿지 말자는 것이다. 자신이 좋으면 부모님이 좀 쉬었다 하라고 해도 공부하게 된다. 이렇듯 자신이 좋으면 어디라도 쫓아가지 않는가. 내가 우선이지 절대로 노력이 우선은 아니다. 이제 노력해야 한다는 생각 때문에 스트레스를 받는다면 그 생각을 붙잡지 않아야 한다. 스트레스를 주는 생각이라면 오히려 부정적인 쪽에 가깝기 때문이다. 그런 생각에 빠지지 않을 때 본래의 능력을 발휘할 수 있다.

자신의 인생이 모든 면에서 완벽하기를 바라지만
일부라도 무너지기 시작하면 그것을 지키기 위해
노력해야 한다는 생각을 붙잡고 씨름하고 있지 않은가.

이제 더 이상 그런 식으로 자신의 인생을 낭비하지 말라.
우선 머리에 이고 있던 무거운 생각의 짐을 내려놓으라.

그리고 자신이 진정으로 좋아하는 인생을 살라.
지금 당장 자신과 가족을 위해 시간을 보내라.
자신이 해보고 싶었던 일을 시작하라.

그것이 가슴 뛰는 삶, 왓처로 가는 길이다.

부자나 성공한 사람들은 무슨 생각을 했기 때문일까

지금까지 재미없고 칙칙한 부정적인 얘기만 했다면, 이제 관심을 부자나 성공한 사람들에게로 돌려 그들이 어떤 생각을 하고 있는지 살펴보자. 그들의 생각은 대다수 평범한 사람들과는 어떻게 다를까?

세계 최고 부자 중 한 사람인 워런 버핏이 인터뷰한 것을 보고 그의 머릿속을 짐작해 볼 수 있었다. 어떤 기자가 워런 버핏에게 이렇게 물었다.

"이제 전 세계에서 가장 돈 많은 부자가 되었는데, 그 전과 달라진 점이 무엇입니까?"

그러자 워런 버핏이 대답했다.

"제가 하고자 하는 일은 무엇이든 할 수 있게 되었지요."

그리고 바로 덧붙여 이런 말도 했다.

"아, 그러고 보니 그건 별로 달라진 것이 아니네요. 사실 저는 과거에도 제가 하고자 하는 것은 무엇이든 해낼 수 있을 것이라고 생각했으니까요."

워런 버핏이나 역사상 성공한 인물들의 말을 들어보면, 그들은 미리 자신의 한계를 정한 것이 아니라 '나는 할 수 있어!'라는 무한한 가능성의 생각을 가지고 있었다. 그런 이유로 자신의 높은 이상이 실현되는 세상을 만날 수 있었던 것이 아닐까. 그럼 이번에는 누군가의 어린 시절 이야기를 들어보자.

어릴 때 무허가 판자촌에서 어렵게 살았던 아이가 있었다. 그는 어려운 가정환경 때문에 마음속 깊은 곳에 많은 콤플렉스를 가지고 자라야만 했다. 그러나 아버지의 독특한 교육법 덕분에 매사에 긍정적이고 자신감 넘치는 사람으로 성장할 수 있었다. 그 아버지는 어릴 때부터 "너는 타고난 천재이니 무엇이든 마음만 먹으면 다 할 수 있다"고 매번 말해주었다. 그리고 조금이라도 잘하는 행동을 하면, 바로 이렇게 말했다.

"너는 천재다! 잘 할 수 있어!"

어른이 되면 이 나라에서 제일가는 부자가 될 것이라는 아버지의 얘기를 귀가 따갑게 들은 그는 어느덧 모든 일에서 자신감이 넘치는 자신을 발견하게 된다. 평소 노는 것을 좋아하고 공부와는 담을 쌓고 지냈던 그였지만, 마침내 일본에서 일인자가 될 수 있었다. 그가 바로 한국계 일본 최고의 부자 소프트뱅크의 손정의 회장이다.

손정의 회장은 어렵고 힘든 환경에서 어린 시절을 보냈지만, 마음 속으로 늘 자신이 할 수 있다고 되뇌며 결국 최고의 자리에까지 오르게 된다. 긍정적인 생각의 중요성을 보여주는 일화 중 하나이다. 이처럼 당신은 당신이 선택한 생각이 보여주는 그대로의 세상을 살게 된다.

세계적으로 유명한 자기계발 강사 브라이언 트레이시는 자신의 강의를 듣는 청중 앞에서 이런 질문을 하곤 한다.

"미국에서 가장 돈을 많이 받는 직업은 무엇일까요?"

그러면 청중들은 "정치가나 대중 연설가, 변호사"라고 대답한다. 그러나 브라이언 트레이시의 대답은 그것이 아니다.

"미국에서 가장 많은 돈을 받는 직업은 바로 '생각하기'입니다."

이렇듯 모든 일은 생각하기로부터 시작한다. 부정적인 생각이 아닌 긍정적인 생각으로 자신의 머릿속을 채우는 것이 얼마나 중요한지 다시금 깨닫게 해주는 얘기다. 당신이 실패한 패배자의 인생을 살 것인지, 위대한 인물의 인생을 살 것인지는 지금 어떤 생각을 하고 있는가에 따라 결정될 수 있다는 것이다.

당신도 워런 버핏과 손정의와 똑같이 무한한 가능성을 지니고 있다. 그러니 한계를 만드는 부정적인 생각의 감옥 속에 자신을 가두지 말고, 상상력과 무한한 가능성의 세상으로 당신을 나오게 하라. 그 결정은 물론 당신이 하는 것이다. 앞으로 당신은 당신이 생각하는 크기와 넓이만큼의 세상에서 살게 될 것이다.

나쁜 일은 왜 연이어 터지는가

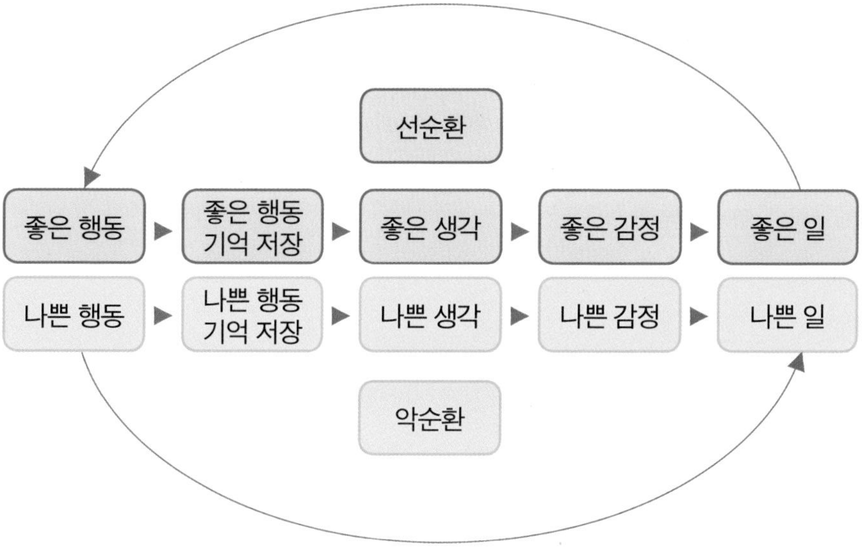

좋은 일은 하면 좋은 일이 따라오고, 나쁜 일을 하면 왜 연이어 나쁜 일이 일어날까? 요즘 어린 학생들이 아무 거리낌 없이 하는 비속어 중에 욕의 경우를 들어 설명해보자.

만약 자신이 욕을 하게 되면 그 정확한 의도까지도 알아차리고 듣게 되는 첫 번째 사람이 누가 될 것 같은가? 상대방이 아닌 바로 '자신'이다. 그러면 그것이 자신의 잠재의식 속에 고스란히 저장된다. 그리고 오감을 통해 비슷한 상황이 오면 그 저장된 생각을 끌어와 그것이 말로 나오며 욕을 하게 되는 것이다. 이런 상황이 반복되면 욕이 아주 자연스러워지며 자동으로 튀어나오게 된다. 그렇게 부정적인 생각이 계속 더해지면 어느 순간 부정적인 감정으로 더 크게 발전한다. 그래서 계속 나쁜 일을 저지르게 되는 악순환에 빠지게 되며, 그것이 자신의 인생에 나쁜 일을 끌어당겨 올 수도 있게 된다. 이런 사실을 깨닫는다면 더 이상 그런 바보 같은 짓을 하지 않게 될 텐데 말이다. 어떤 일이든 아주 작고 사소한 일에서부터 시작된다. 이제 욕을 하면 가장 피해를 보는 사람은 상대방이 아닌 자신이 된다는 사실을 잊지 않아야겠다.

이번에는 반대로 남을 돕는 선행을 했다고 하자. 그럼 좋은 기억이 자신의 잠재의식에 저장된다. 그렇게 좋은 기억들이 많이 저장되게 되면 잠재의식으로부터 좋은 생각이 떠오를 확률이 높아지게 된다. 좋은 생각이 떠오르면 그런 행동을 하게 되고, 그런 선순환 속에 살게 된다. 그러면 좋은 일이 또다시 좋은 일들을 불러올 수 있게 된다.

뿌린 대로 거둔다고 어떻게 보면 아주 당연한 논리이지만, 우리는 부정적인 생각과 감정에 사로잡혀 매번 악순환의 고리를 끊지 못하는 게 사실이다. 세상을 원망하고 타인을 탓하기에 앞서 자신이 지금 어떤 생각을 하고 있는지 먼저 들여다봐야 하는 것이다. 그래서 왓칭이 필요하다.

WATCHER 나!

우리가 자주 하는 독이 되는 11가지 생각

우리가 자주 하는 생각들 중에서 독이 되는 11가지 생각들을 추려 보았다. 특히 이런 생각들이 자신의 머릿속에 오면 빨리 알아보고, 그 생각에서 벗어나거나 아니면 오히려 좋은 생각으로 바꾸어 활용하자. 모든 것은 잘만 쓰면 약이 되는 법이다.

1. 세상은 공평하지 않아!

이런 생각은 나의 기회를 앗아갈 수도 있다. 도전하고 싶은 의욕을 바닥으로 떨어뜨리는 생각이다.

→'내가 한 만큼은 다시 돌아오는 거야. 다시 힘내자!'로 다시 생각해본다.

2. ~ 때문에 정말 걱정이야!

이런 생각으로 기분이 나빠진다면 오히려 더 안 좋은 결과를 가져올 수도 있다.

→'걱정은 걱정만 더 크게 할 뿐. 지금 최선을 다하면 된 거야!로 다시 생각해본다.

3. 사람들이 나를 이상하게 보지 않을까?

이런 생각은 나를 더 움츠러들게 해 자신감과 자존감을 깎아 먹게 한다.

→'난 나 그대로 멋있어. 내가 그렇게 생각하면 된 거야!'로 다시 생각해본다.

4. 난 자신 없어! (난 잘 안 될 것 같아!)

이런 생각은 열심히 집중하고 싶은 마음을 방해한다. 자신감과 자존감을 떨어지게 하는 생각이다.

→'누구나 그럴걸. 하지만 나를 믿어줄수록 난 더 잘할 수 있다는 걸 알아!'로 다시 생각해본다.

5. 오늘도 재수 없네!

이런 생각이 오히려 나에게 오는 행운을 막아버린다. 이제는 그 문을 활짝 열어 놓자.

→'난 행운아야! 오늘은 어떤 행운이 올까 먼저 감사해볼게!'로 다시 생각해본다.

6. ~ 해야 행복할 텐데!

이런 생각은 지금 행복해지는 것을 방해한다. 무엇이 있어야만 행복하다면 행복은 나에게서 점점 멀어질 것이다.

→'지금 여기 내가 살아 있다는 것이 제일 큰 행복이야!'로 다시 생각해본다.

7. 실수하면 어쩌지?

이런 생각이 오히려 더 실수하게끔 불안감을 조성한다. 두려움이 피어오르게 한다.

→'실수해도 괜찮아. 그때 가장 큰 것을 배우게!'로 다시 생각해본다.

8. 성공한 사람들은 나보다 뛰어날 거야!

이런 생각은 지금 도전하고 싶은 의욕을 깎아 먹는다. 게다가 남과 비교하는 것은 자존감을 더 떨어지게 만든다.

→'그들도 실패한 가운데 성공한 거야. 나도 당연히 할 수 있어!'로 다시 생각해본다.

9. 잘해야 해! 열심히 해야 해!

이런 생각이 부담감을 크게 해 실력을 발휘하지 못하게 만든다. 부담감이 커질수록 머리는 돌아가지 않는다.

→'그보단 지금 즐겁게 하는 것이 더 중요해!'로 다시 생각해본다.

10. 모두 ~ 때문에 잘못된 거야!

남의 책임으로 돌리면 그때는 편할지 몰라도 자신에게 집중할 기회가 사라져 버린다는 것을 깨달아야 한다. 결정권이 사라진 자신은 더 초라해지고 따라서 자존감은 더 내려가게 된다.

→'다 내 책임이야. 그래야 내가 주인이 되어 내 세상을 만들어 갈 수 있지!'로 다시 생각해본다.

11. 나중에 해도 되겠지!

이런 생각이 좋은 기회를 놓치게 하거나, 자신을 더 나태하게 만들 수도 있다.

→'지금 바로 해볼까, 그럼 더 기분이 좋아질 거야!'로 다시 생각해본다.

세 번째 무지개

당신이 왓처로 가는 법

왓처

W A T C H E R

나는 나에게 감사합니다,
나와 함께하는 것에도 감사합니다.

마음에서
한 발자국 떨어져 바라보면,
작은 공간이 생기고

그 공간은 당신을
세상으로부터 쉬게 해줄 것이다.

왓처는 누구인가

이 그림은 무엇일까? 어떤 것을 형상화하고 있는 것일까? 이 그림에서 무엇이 보이는 사람도 있을 것이고, 도대체 뭔지 모르겠다는 사람도 있을 것이다.

대부분의 사람에게 '왓처'라는 개념이 매우 많이 생소할 것이다. 그런 왓처를 설명해야 하기에 여기서부터는 당신의 판단에 맡기겠다. 더구나 눈에 보이지 않는 왓처를 설명해야 하므로 더 그렇다. 하지만 그렇다고 왓처가 존재하지 않는 것은 아니다. 다만 우리의 눈에 보이지 않을 뿐이다.

앞에서 왓칭을 할 때 우리가 생각을 보게 된다고 했다. 여기서 생각은 나에게 보이는 것이니 대상이라고 할 수 있다. 그리고 나는 생각(대상)을 볼 수 있으니 주체, 즉 생각의 주인인 왓처이다. 여기까지는 앞서 설명한 대로다.

그런데 여기서 하나 더 들어가 보면 생각은 대상이라서 보이지만, 그것을 보는 주체는 보이지 않는다. 왜냐하면 보는 주체는 보는 것의 시작점이 되기에 보일 수가 없는 것이다. 오직 대상만 보인다. 그래서 만약 우리가 거울을 발명하지 못했다면 우리의 눈을 보지 못했을 수도 있다. 하지만 눈도 눈으로 보는(인지) 것이 아니다. 눈을 인지하는 것이 뇌에 있을 것이며, 또한 그 뇌도 그것을 인지하는 무엇인가가 또 있을 것이다. 이렇듯 최초의 시작점은 어디에도 보일 수 없다. 그곳에 신비가 있다. 아직 과학이 밝히지 못하는 지점일 것이다.

이렇게 추리해보면 진짜 나는 그 시작점일 가능성이 크다. 우리가 인지(인식)하는 여러 가지 수많은 생각들, 감정들, 그리고 우리의 몸까지 그저 대상일 뿐이다. 진짜 나는 그 모든 것을 인지하는 시작점일 수 있다는 것. 그것은 지금도 이 세상 모든 것을 인지하고 있는 중이다. 지금 느껴지지 않는가. 이 책이. 이 글자들이. 그리고 당신 앞의 모든 것들이. 그렇다면 앞 장에서 본 그림이 무얼 표현하고 있다고 보는가?

벌써 눈치를 챈 사람들도 있겠지만, 답은 바로 '나'이다. 대부분 색이 칠해져 눈에 띄는 도형에만 집중하지만, 그 흰색 바탕을 보게 되면 어느덧 선명하게 '나'라는 글자가 눈에 들어온다. 이처럼 우리는 눈에 보이는 것(생각, 감정, 몸)에만 집중했지, 그 안에 있는 우리의 바탕(나)에는 주목하지 않았다. 거기에 '진짜 나'가 존재하고 있었는데도 말이다.

이처럼 왓처는 아직 생각과 감정이라는 색이 칠해지기 이전의 하얗고 순수한 도화지 같다고도 할 수 있다. 앞의 그림의 바탕에서 본 '나'와 같다고 볼 수 있다. 왓처는 그런 청정무구한 바탕이다. 그런 바탕이 있기에 그 위에 마음대로 또한 무한대로 창작을 할 수 있다. 그러나 우리는 그 위에 쓰인 글씨를 보는 것에만 익숙해져 바탕에 깔린 무한한 가능성의 백지를 잊어버렸다. 지금도 당신은 검은색의 글씨만 눈으로 좇아가며 읽고 있지 않은가. 하지만 그 바탕에는 엄연히 하얀 백지가 존재하고 있다. 이처럼 백지와 같은 순수한 바탕인 왓처가 존재하지 않는다면, 그 백지 위의 글씨처럼 생각, 감정도 존재할 수 없게 된다.

당신이 지금 친한 친구와 함께 극장에서 요즘 대박을 터트린 영화를 보고 나왔다고 하자. 그러면 조금 전에 본 영화에 대해 이러쿵저러쿵 얘기하지, 극장에 걸린 흰 스크린에 관해 얘기를 하지는 않을 것이다. 그러나 그 바탕에 놓인 스크린이 없었다면 영사기에서 나온 불빛이 모두 허공으로 날아가 버려 그 영화는 결코 상영될 수 없었다. 그처럼 우리는 눈앞에 보이는 것에만 주목한다. 우리의 인생만 보더라도 눈앞의 결과만 쫓아다니고 있지 않은가. 결국 스크린과 같은 왓처가 없다면 생각도 허공으로 날아가 버려 보이지 않을 것이다. 또한 컵을 올려놓기 위해 탁자가 필요하듯 생각과 감정이 있다는 것은 그 바탕

인 왓처도 함께 존재하고 있다는 것을 보여준다. 그렇게 모든 것은 홀로 존재하지 못하는 법이다.

당신에게는 위대한 힘이 있을까

철학자이자 시인이며 현대의 성서라 불리는《예언자》를 쓴 칼릴 지브란은 이런 말을 남겼다.

"때로 우리의 영혼이 알고 있는 것을 우리들 스스로는 알지 못합니다. 스스로 생각하고 있는 것보다 우리는 무한히 더 위대한 존재들입니다."

그리고 미국의 유명한 철학자이자 시인인 랄프 왈도 에머슨은 이렇게 말했다.

"철학적 시도에 있어서 늘 마지막 분석 단계에 가면 풀지 못한 나머지가 남았다. 인간은 하나의 흐름이며 그 근원은 감춰져 있다. 우리 존재는 어디인지 알지 못하는 것에서 우리에게로 온다. 내 의지보다 훨씬 더 높은 곳에 어떤 근원이 있다는 것을 매 순간 인정할 수밖에는 없다."

또한 20세기의 '신비의 작가'로 불리며 전 세계 1000만 명 이상의 독자에게 영감을 주고 데일 카네기나 나폴레온 힐 같은 자기계발의 대가에게 영향을 주었던 제임스 앨런은 자신의 책《위대한 생각의 힘》에 이렇게 썼다.

"생각의 주인인 사람은 모든 상황에 대처할 수 있는 열쇠를 쥐고 있으며, 원하는 바를 이루도록 자신을 개선시킬 수 있는 능력을 내면에 지니고 있다."

우리는 항상 자신의 능력이 부족하다는 생각에 시달렸다. 하지만 그런 우리에게도 위대한 힘은 존재하지 않을까. 우리의 바탕에 있는 왓처가 그 힘과 관련이 있지는 않을까. 그렇다면 우리의 인생 역전도 가능하지 않을까. 이에 대한 몇 가지 얘기를 해보자.

영화 〈히말라야〉는 세계 최초로 히말라야 8천 미터 16좌(座)를 오른 산악인 엄홍길 대장의 실화를 바탕으로 만들어진 영화다. 그 영화를 보는 내내 저들은 왜 하나뿐인 목숨을 걸고 극한의 위험에 도전하는가가 궁금했다. 영국 산악인 조지 말로니는 "산이 거기에 있기에 간다"고 했지만, 그것으로 답을 하기에는 많이 부족해 보였다.

실제로 해발 8천 미터에서의 산소량은 해수면의 3분의 1 정도라고 한다. 5분 동안 숨을 몰아쉬고 두세 걸음 걷는 힘겨운 산행을 계속해야 한다. 거기다 눈사태, 크레바스, 얼음 낭벽, 고산병, 설맹 그리고 극한의 추위와도 싸워야 한다. 그런 이유로 고봉에 올라서려면 한 가지 것에만 초집중을 할 수밖에 없다.

그것은 살아야 한다는 것. 엄홍길 대장은 그런 살벌한 죽음의 지대에서 그 한 가지 생각밖에 없었다고 했다. 꼭 살아서 산을 내려가겠다는 일념이다. 그럴 때 극한의 위험 아래서 자신도 모르게 생각으로는 불가능하다고 하는 인간의 한계를 훌쩍 뛰어넘어 버린다. 이른바 '슈

퍼 파워'를 발휘하게 되는 것이다. 이런 체험이 무한의 극치감으로 기억되는 게 아닐까. 자신이 마치 슈퍼맨이라도 된 것 같았던 경험이 한 번 뇌에 각인되면, 그것이 다시 그들을 에베레스트로 끌어오게 하는 마력이 되는 것이 아닌가. 우리들처럼 평범하게 사는 세상에서는 그런 쾌감을 느낄 수 없었다고 말하는 것에서 보면, 아마 그런 것을 동경해 왔었던 것이 아닌가 한다.

나도 엄홍길 대장처럼 극한의 상황은 아니었지만, 아마추어의 입장에서 비슷한 경험을 해본 적이 있다. 산에 생전 가보지 않았던 내가 대학 입시가 끝난 후 해방감에 친구들과 야간열차를 타고 우리나라 남쪽의 산들을 등반하는 순회 여행을 갔었다. 지금 생각하면 정말 무모한 도전이었다. 그 당시 젊은 혈기만 믿고 간 것이다. 결국 문제는 첫 번째 산행에서부터 터졌다.

덕유산을 오르며 교통비를 아끼기 위해 올라갔던 코스가 아닌, 지도만 보고 그 너머로 내려가기로 결정한 것이 무리수였다. 더구나 아이젠이나 텐트 등 겨울용 등산 장비들도 없이 산행하던 중이라 매우 위험한 상황. 하산 중 어느덧 우리도 모르게 산맥 안으로 깊이 들어와 버렸다. 내려가는 길이라 믿고 내려가다 보면 다시 오르막이 시작됐다. 그런 식이 반복되다 결국 완전히 길을 잃은 것이었다. 그런 와중에 친구 한 명이 발을 삐어서 그를 부축하고 그의 배낭까지 멘 채로 힘든 산행을 계속해야 했다. 날은 점점 더 어두워지고 찬 바람마저 불어 추위가 더 심해지자 덜컥 걱정이 되었다. 이대로 계속 헤매다가는 산에서 그대로 얼어 죽을 것 같았다.

친구들과 논의 끝에 무작정 계곡을 따라 밑으로 내려가기로 했다. 산행길이 아닌 계곡은 얼어붙어 있었고 무척 가팔랐다. 랜턴의 가느다란 불빛에 의지해서 한 발 한 발 내디디며 천천히 내려갔다. 거의 기다시피 내려오니 새벽이 훨씬 넘은 시간. 몇몇 화전민들만이 사는 산동네였다. 다시 읍내로 가려면 택시를 따로 불러야 하는 인적이 드문 곳이었다.

그때 나 역시도 오직 살아야겠다는 일념밖에 없었다. 그래서인지 많은 시간을 내려왔지만, 이상하게도 한두 시간 정도밖에 걸리지 않은 느낌이었다. 게다가 힘들었다는 생각도 없었다. 지금 다시 생각해봐도 어떻게 내 능력으로 그런 위험한 코스를 내려왔는지 모르겠다. 아마 내 안에 초인적인 힘이 지탱해준 것이 아닐까. 그때 상황은 매우 위험했지만, 마음이 하나로 모이니 고요한 가운데 한 발 한 발 모든 정성을 다해 내디딜 수 있었다. 이처럼 우리 안에는 위기에서 나타나는 큰 힘이 있다. 생각으로는 전혀 이해되지 않는 보이지 않는 힘이다.

자동차에 깔린 자신의 아이를 구해내기 위해 그 무거운 자동차를 한 번에 들어 올린 어머니의 얘기는 많은 사람이 알고 있을 것이다. 마침 이 부분을 쓰고 있는데 그와 비슷한 얘기가 신문 기사로 올라왔다(그때는 개정판을 쓰기 전의 초판일 때).

미국 버지니아주에 사는 샬럿 헤펄마이어라는 19세 여성이 픽업트럭에 깔린 아버지를 구하기 위해 트럭을 들어 올려 아버지의 몸을 끌어낸 것이다. 더구나 최근 허리를 다쳐 몸이 불편했음에도 말이다. 이후 그녀는 자동차 연료 탱크에서 샌 기름에 의한 폭발을 막기 위해 바퀴가 3개밖에 달리지 않은 트럭의 시동을 켜 불타는 차고 밖으로 꺼냈다. 그리고 다시 집으로 뛰어 들어가서 자신의 동생인 아기를 안고 모든 가족과 함께 도망치듯 빠져나왔다(미국 NBC뉴스 2016년 1월 7일, 서울신문 2016년 1월 12일).

이 기사를 보며 초인적인 힘을 발휘한 그녀 때문에 한 번 놀랐고, 최근에 이런 사례가 없나 궁금했던 차에 마침 그런 기사를 발견해 두 번째 놀랐다. 누구나 위기가 닥치면 이처럼 강력한 힘을 발휘할 수 있다는 것을 다시금 깨우쳐 준 것이다.

또한 42.195km의 코스를 달리는 마라톤도 인간의 한계를 시험하게 해준다. 매해 한 번씩은 마라톤 풀코스에 도전한다는 소설가 무라카미 하루키는 이렇게 말했다.

"개인의 최고 한계 상황까지 당신을 몰아넣어라. 그것이 달리기의 본질이며 인생의 은유법이다."

마라톤을 할 때 처음에는 힘이 들고 괴로우나 어떤 시점에 도달하면 오히려 안정감과 쾌감이 느껴지는 상태로 들어가는데, 그것을 러너스 하이(runner's high)라고 한다. 러너스 하이는 미국의 심리학자인 A. J. 맨델이 1979년 발표한 논문에서 처음 사용된 용어로, 운동을 했을 때 나타나는 신체적인 스트레스로 인해 발생하는 행복감으로도 불린다.

이것을 경험한 사람들은 '하늘을 나는 느낌과 같다'라거나 '꽃밭을 걷고 있는 기분이다'라고 표현한다. 특히 마라톤 선수들이 훈련할 때 극한의 고통을 넘어 35km 지점쯤 되면 러너스 하이를 경험할 수 있는 것으로 알려져 있다. 그러나 지나치게 긴장하거나 스트레스를 받고 있을 때는 러너스 하이를 경험할 수 없다고도 한다. 몸컨디션이 좋아야 하고 마음이 편안해야 그 느낌이 온다. 그런지 올림픽이나 큰 대회 등 다른 선수들과 치열한 경쟁을 벌여야 할 때는 러너스 하이를 느끼지 못한다고 한다.

나도 인라인을 타며 비슷한 경험을 한 적이 있다. 주로 서울 한강 변에서 인라인을 타는데 어떤 날은 무척 힘들다가도, 또 다른 날은 그런 힘든 시간이 지속되는 와중에 갑자기 몸이 완전히 편안해지는 때가 온다. 그 후는 놀랍게도 달리고 싶은 대로 쭉쭉 몸이 자연스럽게 뻗어 나간다. 새털처럼 몸이 가벼워 구름 위를 유영하듯 달리면 그 쾌감이 온몸으로 퍼져 나갔다. 너무나 신기했다. 그 순간만큼은 내 자신이 마치 슈퍼맨이 된 것 같았다. 그럴 때는 도대체 어떤 힘이 나를 이끌고 있는지 정말 궁금했었다.

이런 이야기들을 읽으며 어떤 느낌이 드는가? 생각으로는 이해할 수 없지만, 생각과 몸을 초월하는 어떤 특별한 힘이 있다고 느껴지지 않는가? 이런 현상들은 더 큰 힘이 존재한다는 것 외에는 달리 설명할 방법이 없다. 생각을 뛰어넘는 위대한 파워가 우리를 기다리고 있는 것이다. 이처럼 인간의 한계를 뛰어넘은 사람들의 얘기는 너무 많아 셀 수도 없을 정도다.

지금껏 우리는 '난 능력이 부족해'라는 생각 속에서 살아왔다. 그러나 정말 감사하게도 그 바탕에는 무한한 가능성을 실현해 줄 왓처가 존재하고 있었다. 그러니 자신이 부족하다고 말하는 그런 생각을 따라가지 말자. 사나운 태풍의 한 가운데 그 눈은 항상 고요하다. 수레바퀴 속에도 빈 공간이 있어 바큇살을 지지한다. 그처럼 우리의 한 가운데는 내면의 힘, 왓처가 존재한다.

당신이 왓처로 느끼는 것

우리가 생각과 감정에 빠져 살아왔지만 그렇다고 왓처의 느낌을 한 번도 못 느껴본 것은 아니다. 그저 따로 인식하지 못했을 뿐이다. 이 책의 서두에서 피아니스트 조성진의 이야기와 함께 피아노 연주에 몰입한 남자의 그림을 보았을 것이다. 그 그림에서처럼 생각이 모두 사라진 가운데 한 가지 일에 깊게 몰입해 기쁨으로 충만한 상태가 바로 '왓처'라 할 수 있다. 그러면 그 순간 놀라운 창조적 예술성이 발휘된다. 대부분의 사람이 이처럼 가슴으로 '찌릿!'하며 전율한 적이 있을

것이다.

이른 새벽에 대지를 뚫고 장엄하게 떠오르는 붉은 일출을 마주하게 되면, 그 엄청난 장관에 압도되어 '아~'하고 바로 탄성이 터져 나오게 된다. 그것은 머리로(생각으로) '얼마나 아름답지?'를 따지지 않고 직접 가슴으로 느끼기 때문이다. 그때가 바로 왓처의 순간이다. 또한 웅장하고 아름다운 음악과 놀라운 표현의 미술 작품을 대할 때도 왓처로서 느낄 수 있다. 가슴 뭉클해 자신도 모르게 눈물이 나오던 때를 모두 경험해 보지 않았는가. 아무런 생각 없이 그 경이로움 그대로를 열린 가슴으로 받아들여 깊은 황홀감에 빠지게 되는 것. 이런 무아지경의, 지극히 아름다운 환희의 순간이 바로 왓처의 느낌을 갖는 순간이다.

이처럼 왓처를 느끼는 것이 몹시 어려운 일은 아니다. 누군가 말하는 꼭 해탈을 해야만 도달하는 상태가 아니다. 왓처는 만들어지는 것이 아니라, 우리 본연의 모습 그대로가 왓처이기 때문이다. 어쩌면 당신도 종종 느껴 본 상태일 수도 있다. 화가 났었는데 갑자기 귀여운 강아지가 뛰어와 재롱을 피우면 어느새 화가 사라지고 그냥 흐뭇한 미소가 지어지는 순간이 있지 않았는가. 짜증이 나서 너무 힘들었는데 좋아하는 아이스크림을 한 입 베어 물고 아무런 생각 없이 행복으로 가득 찰 때가 있지 않았는가. 이런 순간에는 지금 여기 살아 존재하고 있다는 사실이 갑자기 축복처럼 다가온다. 다만 너무나 짧게 스치듯 지나가 버려 제대로 인식하지 못했을 뿐이다.

이와 반대로 점심에 누군가가 아주 맛있는 음식을 사주었는데 오후에 회사에서 중요한 발표를 앞두고 있어 그것을 걱정하느라 아무런 맛도 못 느꼈을 때, 해외여행 중에 지갑을 잃어버리고 후회하는 바람에 아름다운 장관을 제대로 느껴보지도 못하고 지나쳤을 때는 생각에 가려 왓처가 모습을 나타내지 못한 경우다. 만약 그런 순간 걱정과 불안이 없었다면 기쁨과 행복으로 얼마나 충만했었을까. 이처럼 왓처란, 생각과 감정의 구름이 걷히면 드러나는 찬란한 태양과 같이 순수한 열정과 기쁨, 그리고 사랑으로 충만한 상태를 말한다.

이때 혼동하면 안 되는 것이 있다. 왓처는 감정이 아니라고 했는데 앞서 기쁜 상태, 행복이 충만한 상태를 왓처라 했다. 그러면 이렇게 질문할 수 있다.

"왓처가 감정 상태의 일종인가요?"

그러나 그건 아니다. 왓처에서 말하는 기쁨이나 행복은 이유가 없는 기쁨, 이유가 없는 행복을 뜻한다. 원래 왓처는 언어로 표현할 수 없는 순수의 상태다. 하지만 우리가 쓰는 언어로 표현하기 위해 가장 가까운 것을 고르다 보니, 감정의 상태를 말하는 건가 하겠지만 그것과는 확연하게 다른 것임을 알아야 한다. 왓처는 머리가 아닌 가슴 깊은 곳으로부터 나오는 순수함이라 볼 수 있다.

또한 왓처는 지극히 아름다운 사랑의 상태이다. 무한히 큰 사랑이라고 할 수 있다. 다큐멘터리 영화 〈님아, 그 강을 건너지 마오〉에 나온 아름다운 커플을 기억하는가. 76년째 연인, 소녀감성 강계열 할머니와 로맨티스트 조병만 할아버지. 이들은 어딜 가든 고운 빛깔의 커플 한복을 입고 두 손을 꼭 잡고 걷는 노부부다. 이 부부처럼 자신이 가진 모든 것을 다 내주어도 아깝지 않은 아름다운 사랑을 해본 사람들이 있을 것이다. 이처럼 진실한 사랑을 하게 되는 순간, 이 세상 모든 것들이 다 축복이 된다. 모든 것들이 다 예쁘고 사랑스러워 보인다. 이런 때가 바로 왓처의 순간이다. 너와 내가 없는 무한히 크고 넓은 사랑, 그런 아름다운 사랑이 왓처다. 하지만 대부분의 연인에게 그런 순간은 잠시뿐. 얼마 지나지 않아 서로를 소유하려는 욕심으로 상대방을 믿지 못하고 서로를 감시하는 추한 사랑으로 추락하고 만다.

왓처를 자각할 수 있는 또 다른 상태는 가슴에서 종을 치듯 울리는 어떤 느낌이 드는 순간이다. 그것을 '양심'이라 부른다. 가슴 아픈 사연을 보면 그냥 지나치기 힘든데, 그 순간 가슴에서 무언가 울림이 온다. 그리고 그것이 선행이 될 때 뭉클한 감동으로 피어난다. 그때도 우리는 순수한 왓처이다.

그러나 위에서 언급한 몇 가지 순간들을 뺀 나머지 대부분의 시간은 온통 생각과 감정이 왓처를 덮어 가리고 있다. 이제 왓칭을 통해 그 생각과 감정의 구름을 조금씩 걷어낸다면 당신은 무한한 힘, 아름다운 왓처로 걸어 들어가게 될 것이다.

능력자 왓처가 드러나지 않았던 이유

위에서 살펴본 것처럼 왓처는 분명히 존재해왔고, 지금도 존재하고 있다. 그런데도 그 존재가 드러나지 않았던 이유는 무엇일까? 그것은 왓처의 특성이 '침묵'이기 때문이다. 아무런 소리도 모습도 없다 보니 존재하지 않는 것으로 여겨진 것이다. 그와 반대로 머릿속에 생각이라는 것은 지금도 끊임없이 계속 떠들어대며 존재함을 과시하고 있다.

생각은 꽤 여러 성향의 목소리를 가지고 있다(여기서 '목소리'라는 것은 우리가 소리를 듣듯이 생각을 느낀다는(안다는) 것이지, 우리 알고 있는 그 소리 자체를 말하는 것은 아님을 말해둔다). 그것 때문에 사람들은 여러 성격을 가진 내가 있는 것처럼 느끼기도 한다. 생각은 자신이 고귀한 존재라고 말하기도 하고, 작은 실수에도 비웃거나 핀잔을 주기도 하며, 어느 때는 잔인하게 쏘아붙이기도 하고, 다정하게 위로해 주기도 한다. 왓처는 이러한 생각의 여러 목소리를 그저 말없이 바라보기만 한다. 그렇기에 우리는 왓처의 모습을 짐작하거나 그 존재를 미처 알 수 없었던 것이다.

왓처와 생각을 쉽게 구별하는 방법이 있다. 머릿속에서 움직이며 소리와 비슷한 형태가 있는 것은 모두 생각의 여러 모습이라고 보면 된다. 그러나 왓처는 소리가 아닌 '느낌'으로 전한다. 생각이 내는 소리가 없이 가슴을 통해 무언가 울림이 느껴진다면 그것이 왓처라 볼 수 있다. 그런 이유로 우리가 앞으로 지향해 바라볼 곳은 우리의 가슴이다. 이제까지 생각으로만 살아왔다면 가슴으로 그 관심을 내려 보자. 가슴이 먹먹해지거나 가슴이 전율하는 그 느낌에 주의해보자. 그곳에 진정한 힘과 보물이 있을지 모른다.

지금 자신에게 물어보자.

"가슴으로 제대로 느껴 본 적이 언제였나? 그때 그 느낌이 기억나는가?"

WATCHER
나!

당신이 왓처를 느끼는 33가지 경이로운 순간

왓칭에서 가장 중요한 핵심은 자신이 왓처로서 생각을 바라보는 것이다. 그래서 스스로 왓처라는 느낌이 없으면 왓칭을 지속하기가 어려워진다. 이제 왓처를 생활 속에서도 느껴 보자. 왓처를 느끼는 33가지 순간을 언어로 표현하기에는 고충이 있었지만, 최대한 그런 느낌이 당신의 가슴으로 전달되기를 바라며 써보았다.

1. 자신이 좋아하는 것에 몰입해 한없이 기쁜 순간

머리로 생각해서 하는 일이 아닌 가슴이 콩닥콩닥 기분 좋게 뛰는 일, 왠지 당신이 끌리는 일이 있다. 그럴 때는 시간이 가는 것도 잊고 푹 빠져 즐겁게 몰입하게 된다. 그런 순간에는 아무런 생각 없이 온전한 기쁨과 행복을 느낀다.

2. 대자연에서 가슴을 열고 자연과 하나가 됨을 느끼는 순간

험난한 트레킹을 통해 인생의 절망 끝에서 다시 일어서는 기적을 보여주는 영화 〈와일드〉를 보면, 주인공이 대자연 속에서 진정한 힐링을 체험하며 마음을 치유하는 과정이 나온다. 이렇게 웅장한 자연의 힘은 그것을 보는 우리를 그대로 눈물 나게 하고, 순수한 어릴 적 마음으로 돌아가게 한다. 생각으로 판단해 사는 삶이 아닌, 순리대로 자연스럽게 흐르는 지혜를 가르쳐준다. 이처럼 어떤 때는 사람보다 말이 없는 자연이 더 큰 위로가 된다.

3. 나 자신을 있는 그대로 받아들이고 사랑하며 고마움을 느끼는 순간

생각은 항상 나에 대해 여러 가지 불평을 늘어놓으며 만족하지 못한다. 그런 생각을 따르지 않고, 지금 있는 그대로의 나 자신을 믿고 진정으로 사랑해줄 때 고마움과 기쁨이 샘솟는다.

4. 영감을 주거나 감동을 주는 음악, 미술, 책, 영화, 만화, 공연을 보며 그것과 하나가 됨을 느끼는 순간

자신이 흠뻑 빠지게 되는 작품이 있을 것이다. 그것만 보면 편안하고 기분 좋게 쏙 빠져들게 되는 것 말이다. 1번 항목과도 비슷하지만, 다른 점은 다른 사람의 작품을 보며 그것에 몰입한다는 점이다.

5. 애쓰는 삶에서 벗어나 순리대로 살면서 기쁨을 느끼는 순간

생각은 항상 애를 써서라도 잘할 것을 강요한다. 그런 생각을 놓아버리고 그것에서 벗어나 자유를 얻는 순간 일도 훨씬 잘 보이게 된다. 또한 그 일도 순리대로 풀리기 시작한다.

6. 지금 이 순간에 있음을 느껴 기쁨으로 충만한 순간

우리는 생각에 빠지는 순간 어느덧 과거나 미래로 가 버린다. 그러면 지금 이 자리는 나의 중심이 없는 상태가 되어 버린다. 그와 반대로 생각에 빠지지 않고, 지금 이 자리에서 존재함을 온전히 느껴보는 것은 어떨까. 그 순간 이유 없는 행복이 찾아온다.

7. 어린아이 때의 순수함을 느끼는 순간

자신이 어린아이였을 때를 다시 돌아보면, 아무런 걱정 없이 어떤 놀이든 신나게 몰입해 놀았던 기억이 있을 것이다. 지금 그렇게 신바람 나게 어떤 것에든 몰입해보자. 유치하다는 생각은 필요 없다.

8. 생각을 거듭해 쥐어짜듯이 얻은 아이디어가 아니라, 불현듯 영감으로 창조적 아이디어를 얻는 순간

생각을 계속한다고 특별한 아이디어가 생기는 것은 아니다. 오히려 생각을 놓아버리고 왓처로부터 영감을 받아 아이디어를 얻을 때 그 누구도 생각지 못한 큰 성과를 얻을 수 있다.

9. 먼저 베풂을 통해 얻는 기쁨을 느끼는 순간

세상은 모두 연결되어 있다. 얻고자 한다면 우선 베풂을 통한 기쁨을 느껴보자. 그러면 얻고자 하는 것도 훨씬 더 수월하게 갖게 될 것이다.

10. 여러 일이 기적처럼 한 치의 오차도 없이 동시성으로 움직이는 것을 느끼는 순간

살면서 작은 기적을 느낄 때가 있다. 어떤 사람을 용서하자마자 그 사람으로부터 연락이 온다든지, 누군가에게 연락해야 했는데 갑자기 그 사람이 자신의 앞을 지나간다든지… 그런 기적 같은 순간에 우리는 동시성을 느끼게 된다.

11. 일을 할 때 생각으로 판단하지 않고, '왓처'에 모두 맡겨 자유와 평화를 느끼는 순간

어떠한 일을 진행한다고 할 때 생각은 한계와 부족함만을 말한다. 그럴 때 무한한 힘의 왓처에게 맡긴다면 좀 더 멋진 아이디어가 떠오르며 마음의 평화도 느낄 수 있다.

12. 자신이 현재 붙잡고 있는 걱정, 고민, 불만을 내려놓고 흘려버려 기쁨을 느끼는 순간

생각으로 걱정하고 고민하며 불만을 토로한다고 해서 그 문제가 해결되지는 않는다. 오히려 그런 생각들을 내려놓고 흘려버리면 자연스럽게 문제가 해결된다.

13. 자신 앞에 다가오는 그 어떤 일도 받아들이고, 거기서 긍정적 의미를 찾아 배우는 순간

세상을 산다는 것은 받아들임을 통해 삶의 지혜를 배우는 과정이다. 자신에게 다가오는 일들을 저항하지 않고 받아들일 때 물이 흐르는 것처럼 순리대로 일이 풀리게 된다.

14. 이유 없는 사랑을 가슴으로 느끼는 순간

상대를 판단하지 않고 그 사람을 있는 그대로 받아들이며 사랑을 베풀 때 가슴으로부터 진정한 사랑의 기쁨을 느낄 수 있다.

15. 이유 없이 가슴에서 우러나오는 감사를 느끼는 순간

이유가 있어서 감사한 것이 아니다. 눈앞에 있는 모든 세상 만물과 사

람 그리고 모든 일에 감사할 때 완전히 평화로워진다.

16. 침묵 속의 고요를 즐겨보는 순간

번잡한 도시에서 벗어나 한적함 속에서 고요를 가만히 느껴보면 새로운 에너지가 온몸에 충만하게 되는 것을 느끼게 된다.

17. 자신의 무한한 능력을 느끼고 상상해보며 자신감이 솟아나는 순간

생각은 항상 한계를 설정하고 불가능을 주장한다. 하지만 그런 생각을 따르지 않고 자신 안에 무한한 능력을 믿고 도전해 성취하는 것을 상상해보면, 기쁨과 자신감이 샘솟는 것을 발견할 수 있다.

18. 왓처의 존재에 감사하며 그 기쁨을 느끼는 순간

능력이 한정되어 있지 않고 원하는 만큼 더 크게 확장해 나갈 수 있게 해주는 왓처의 존재에 감사함을 느껴보자. 그러면 왓처와 더 가깝게 상호작용할 수 있게 된다.

19. 자신이 원하는 것은 언제든 가질 수 있음을 확신해 보는 순간

타인의 것을 빼앗는 것이 아닌, 그리고 모든 사람들에게 이로운 것이라면, 마음먹은 대로 성취할 수 있는 능력이 있음을 깨닫고 그 기쁨을 느껴본다.

20. 모든 것은 연결되어 하나라는 사실을 느끼는 순간

세상 만물이 모두 연결되어 있다는 사실을 알고, 타인을 적이 아닌 친구라고 인식할 때 장벽이 무너지고 하나가 됨이 느껴진다. 모두가 하나

이기에 누가 누구를 괴롭힐 필요도, 방어할 필요도 없어진다. 그렇게 인간관계의 불안에서 벗어난다면 그것에 에너지를 낭비하지 않아 마음의 평화와 자유를 온전히 누릴 수 있다.

21. 두 눈을 감고 우주 끝까지 날아가는 상상을 하는 순간

두 눈을 감을 때 어쩌면 더 큰 능력을 가지게 될지도 모른다. 무한한 상상의 나래를 끝없이 펼칠 수 있기 때문이다. 그럴 때 우리는 우주 끝까지라도 무한히 비상할 수 있다.

22. 뿌린 대로 거둔다는 원리를 가슴으로 느끼는 순간

누구나 알고 있듯이 자신이 뿌린 만큼 거두는 것이다. 하지만 생각은 항상 욕심을 부린다. 그러나 생각보다 행동으로 즐겁게 펼쳐나갈 때 당연히 그만큼의 보답이 따라오게 된다.

23. 어떤 상황도 앞서서 기대하지 않고, 그렇다고 뻔하다는 생각도 따르지 않아 열린 기쁨을 느끼는 순간

세상을 온전히 즐기려면 앞서서 큰 기대를 가지지 않아야 한다. 그렇다고 '뭐 또 그렇겠지. 정말 지겨워!'라는 생각에도 따르지 않는다. 시시각각 변화하는 지금의 과정을 그대로 받아들이며 즐기는 것이다. 이처럼 무한한 가능성과 변화에 문을 열어 놓으면 훨씬 더 재미있게 세상을 바라볼 수 있다.

24. 어떤 결과도 수용하는 큰 가슴을 열고 즐기게 되는 순간

생각은 언제나 결과를 신경 쓴다. 하지만 그 어떤 결과도 받아들이겠다고 마음을 열고 지금의 과정 하나하나를 즐긴다면 오히려 홀가분해져 더 좋은 결과를 얻게 된다.

25. 자기 방식이나 자신이 걸었던 길만을 고집하지 않고, 유연해진 큰마음으로 세상을 보는 순간

예전의 자신에서 벗어나 습관이나 관념의 틀을 벗어 버리고, 큰마음의 열린 자유인으로 살면 더 큰 평화와 행복을 느끼게 된다.

26. 자신만의 이익보다 모두 같이 성공하는 방향으로 나아가며 기쁨을 느끼는 순간

생각은 자신만의 이익에 연연하지만, 그것을 뛰어넘어 모두가 함께 잘 되는 것을 목표로 움직인다면 더 큰 기쁨과 행복을 나눌 수 있다.

27. 이 세상에 온 이유인 소명을 바로 알고, 그것대로 살며 기쁨을 느끼는 순간

자신에게 부여된 소명을 찾아 그것에 따라 살면 모든 일이 순조로워지며 그 안에서 참 행복을 느끼게 된다.

28. 누구나 평등하며 무한한 능력의 존재임을 인정하고, 그런 시각으로 바라보는 순간

누구나 무한한 능력이 있다. 부정적인 생각이 그 사람을 덮고 있더라도, 그 안의 충만한 빛을 느낀다면 모든 사람을 더 큰 사랑의 존재로 볼 수 있다.

29. 스스로가 유일무이한, 특별한 존재임을 바로 알고 자각하는 순간

우리는 무한한 능력을 지닌 사랑의 존재다. 자신 내면의 성스러운 빛을 깨닫고 그 사랑으로 세상을 산다면 더 큰 평화와 행복이 찾아온다.

30. 세상을 살아가되, 그 세상 속에 빠지지 않고 객관적으로 바라보는 순간

이 세상에 온 이상 지금의 세상을 살아가겠지만 그것에 너무 빠지지 않고, 초월적 시각을 유지한다면 모든 일이 사랑으로 다가옴을 느낄 수 있다.

31. 인생을 즐기는 태도와 관점을 잃어버리지 않고, 평온함을 유지하는 순간

부담이나 제약 같은 생각에서 벗어난다면 모든 일에서 자유를 만끽하며 어떤 일이든 최선으로 즐길 수 있게 된다. 또한 어떤 결과도 받아들여지며 그런 가운데 흔들림 없는 평정과 평온을 유지한다.

32. 잃어버린 것에 대해 초연하고, 그것을 통해 더 성장하는 순간

잃어버렸다고 애태우지 않으며 자신을 떠난 것들에 대해 오히려 축복을 보낸다면, 마찬가지로 자신을 찾아온 모든 것들에 대해 진정한 감사를 할 수 있게 된다.

33. 사랑을 베푸는 것이 가장 큰 기쁨임을 느끼는 순간

받는 것보다 베푸는 기쁨이 더 크다. 많이 가진 자가 줄 수 있기 때문이다. 자신이 무한히 큰 사랑체가 된다면 세상 모두에게 사랑을 베풀고 하나 됨의 축복을 온전히 누릴 수 있다.

왓처와 생각, 감정의 비교

왓처	생각과 감정
주인	손님
침묵	소란
이유 없는 사랑	이기적인 사랑
무한한 능력	한계, 불가능
현재를 추구	성과를 추구
풍요로운 삶	풍요를 애쓰는 삶
시련은 목적이 있음을 앎	시련은 고통일 뿐
내면을 따르는 삶	갈등하는 삶
무한한 정신으로	한계가 있는 육체로
즐기며 평화로운 삶	고군분투하는 삶

당신이 왓처로서 창조하고 즐겨라

생각과 감정에서 벗어나 지금 이 순간으로 돌아올 때
잠재되어 있던 무한한 힘이 깨어날 것이다.
당신이 누구인지 깨닫게 될 것이다.

당신은 무한한 가능성의 왓처.
어두운 생각과 감정의 그림자가 뒤덮고 있어
맑고 밝은 빛이 보이지 않았던 것뿐.

왓칭으로 그 어둠을 걷어낸다면
놀라운 힘으로 원하는 인생을 그려나갈 수 있다.
무한한 사랑으로 지고의 행복을 누릴 수 있다.

당신이 바로 당신 삶의 유일한 창조자이기에
자신이 원하는 대로, 자신의 가슴이 뛰는 대로
가슴 벅찬 삶을 창조해 나가라.

당신은 무엇이든 될 수 있고, 할 수 있으며, 가질 수 있다.
당신은 무한한 가능성의 왓처.
당신이 당신 삶의 주인이며 마스터이다.

네 번째 무지개

당신이 인간 그 이상이 되는 법

왓처명상

W A T C H E R

나는 풍요의 에너지 안에 있습니다,
풍요로움을 누릴 자격이 있습니다.

바람 같은 자유가 되자
바다 같은 이해가 되자
하늘 같은 평화가 되자
대지 같은 여유가 되자
비 같은 노래가 되자
그리고
꽃 같은 사랑이 되자

그래서
나 같은 나로 살자

명상이 당신에게 꼭 필요한 이유

100억 가치의 돌이 길의 한구석에 떨어져 있었다. 바쁜 사람들이 그냥 지나쳐 버릴 때 한 사람이 그것을 주어서 자신만이 아는 곳에 보관했다. 빛이 나는 신기한 돌이라 나중에 다시 살펴보자고 생각한 것이었다. 그러나 그 사람은 그 사실을 잊어버리고 지내다가 그만 죽어 버렸다. 그 전에 제대로 확인만 했더라면 100억을 벌 수도 있었다. 정말 땅을 치고 후회할 일이 아닌가. 그렇다면 우리는 이처럼 엄청난 가치를 가진 것을 제대로 확인하지도 않고 지나치고 있는 것은 없을까?

왓처명상을 시작하면서 이런 얘기를 꺼낸 이유는 엄청난 가치를 지닌 명상이 사람들의 관심 밖에 있다는 사실이 놀랍다는 것이다. 그러나 이것을 제대로 알아보고 큰돈을 버는 것에 활용한 사람들이 있다. 그중 먼저 떠오르는 사람은 바로 애플의 창업자 스티브 잡스이다. 그의 전기를 다룬《스티브 잡스》에 보면 명상에 대해 이렇게 언급되어 있다.

"당신이 방에 앉아서 주위를 관찰한다면 당신의 마음이 얼마나 안절부절못하는지 알 수 있을 것이다. 당신이 좀 더 마음을 가라앉히면 이런 현상이 더 심해질 것이다. 하지만 지속된 노력으로 마음을 가라앉히면 당신의 방 안의 미묘한 사물들의 소리까지 들을 수 있을 것이다. 이때가 바로 당신의 직관이 꽃을 피우기 시작하고 사물을 좀 더 명확하게 볼 수 있게 되는 시점이다. 당신의 마음을 차분하게 가라앉히면 그 순간 넓은 공간을 볼 수 있을 것이다. 당신은 그전보다 더 많은 것을 보게 된다."

세상을 바꾼 아이폰과 아이패드가 나온 것은 우연이 아니었다. 명상을 통해 스티브 잡스가 직관력을 꾸준히 높인 결과이기도 하다. 그리고 마이크로소프트의 창업자인 빌 게이츠를 명상에 입문하게 한 사람이 있다. 그는 세계적 베스트셀러 《사피엔스》의 저자 유발 하라리이다. 그는 명상을 통해 얻은 집중력과 명정함이 없었더라면 《사피엔스》《호모데우스》를 쓰지 못했을 것이라고 했으며, 24살에 처음 10일간 명상을 한 뒤 이때 알게 된 것이 그때까지 살면서 배운 것보다도 많았다고 했다. 지금도 그는 매일 2시간씩 명상을 한다고 한다.

또한 구글 엔지니어였던 차드 멍 탄은 스트레스로 고통을 받던 구글의 동료들을 위해 명상 프로그램을 열었고, 그 프로그램은 매년 400여 명의 대기자가 있을 정도로 인기를 끌었다. 그런 과정을 담은 그의 저서 《너의 내면을 검색하라》에서 명상의 이점을 그는 이렇게 말했다.

"마음은 깊은 바다와도 같다. 표면은 거칠게 일렁이지만 깊은 곳은 아주 잔잔하다. 만약 심해로 들어갈 수 있다면 당신은 고요함과 마주할 수 있다. 평온하고도 활발하게 움직일 수 있게 되는 것이다."

이처럼 명상은 우리를 생각의 파도에서 내면의 고요함으로 인도한다. 명상에 성공하는 순간 단 몇 분, 아니 단 몇 초라도 생각의 시끄러운 세상으로부터 완전히 떨어지게 된다. 홀로 고요한 가운데 자신의 위대함을 느껴보게 되는 것이다. 당신도 생각에서 완전히 벗어나게 된다면 의식이 성장하는 놀라운 경험을 하게 될 것이다.

왜 명상은 재미없고 꾸준히 하기가 어려운가

명상을 해본 사람들에게 명상이 어떤지 물어보면 대다수가 이렇게들 말한다.

"잘 안 된다. 어렵다. 재미없다."

그래서인지 명상은 사람들에게 '친숙하지 못한 것'으로 인식된 것 같다. 명상이 의식을 성장시킬 수 있는 가장 빠르고 확실한 방법인데도 왜 이렇게 된 것일까?

처음에는 누구나 기대를 가지고 명상을 시작한다. 그런데 그런 관심이 오히려 명상 중에 생각을 부추기게 된다.

'명상을 하면 언제 변화가 올까? 이런 것도 저런 것도 느낄 수 있을까? 그런데 왜 나에겐 아무런 변화도 일어나지 않지?'

이런 생각들이 명상을 방해하기 시작하는 것이다. 거기다 잡생각들이 계속 따라붙는다.

'내가 지금 제대로는 하고 있는 걸까? 그런데 왜 이렇게 마음이 불편하지. 뭐가 잘못된 거야?'

명상이란 생각에서 벗어나 고요함으로 가는 방법이다. 그런데 자신이 오히려 생각을 부추기고 있으니 명상이 잘 될 리 만무하다. 차라리 일하는 중이나 운동 중에는 거기에 집중되기에 생각이 덜 올라온다. 하지만 명상을 하려고 시간을 내어 자리에 앉기만 하면 명상에 대한 생각부터 온갖 잡생각들이 꼬리에 꼬리를 물고 올라와 머릿속을 더 복잡하게 만든다. 이렇게 생각이 많아지다 보면 어느덧 부정적인 생각 쪽으로 흐르게 마련이다. 그렇게 뜻하지 않은 고통의 시간이 더 생겨 버리게 된다. 결국 명상을 하는 것이 아니라 오히려 생각을 몰아서 하는 시간으로 바뀌어 버리는 것이다.

그런데다 조금 후에는 얼굴도 간지럽고 팔도 따끔거리며 다리도 저려 온다. 이런 과정 끝에 명상은 힘든 것, 재미없는 것으로 간주되어 얼마 지나지 않아 도망가듯 포기하게 되는 것이다. 그렇다면 어려운 명상을 쉽게 할 수 있는 방법은 없을까?

물론 있다. 초보자도 시작하자마자 바로 생각에서 벗어날 수 있는 획기적인 명상법. 그것이 바로 '왓처명상'이다. 누구나 해보면 그 효과를 즉시 느낄 수 있다. 그래서 쉽고 재미있다. 앞으로 명상 습관을 기르려면 절대로 명상이 어렵다는 생각이 들면 안 된다. 가장 쉽고 편하고 효과적이어서 저절로 또 하고 싶어져야 한다. 그것이 왓처명상이 가진 장점이다. 그럼 그 방법에 대해 알아보자.

누구나 빠르게 고요해지는 왓처명상 방법

왓처명상은 몇 가지 사항만 제대로 따르고 임하면 아주 쉽고 간단하다. 우선 자리에 반듯하게 앉는다. 가부좌나 반가부좌 자세가 좋지만, 그것이 어렵다면 의자에 앉아서 해도 좋다. 피라미드의 형태로 견고하게 앉은 자세를 취해주면 된다. 그리고 손을 무릎 위에 손바닥을 위로 향해 편하게 내려놓는다.

그다음은 척추를 곧게 일으켜 세운다. 척추는 몸의 중심이다. 이곳을 통해 에너지인 기(氣)가 흐르게 되기 때문에 곧게 세우고 에너지가 잘 흐르게 하자. 또한 척추를 곧게 세워야 하는 이유는 졸음에 빠지는 것을 방지하기 위함이다. 명상 중에는 이완이 되는 상태라 졸음이 쏟아진다고 하는 사람들이 많다. 따라서 이완이 되어 긴장감이 사라질 때는 자세 또한 쉽게 흐트러지기 마련이다. 그러면 척추도 그것에 따라 자연히 굽어지게 된다. 항상 척추를 곧게 펴주고 흐트러지지 않도록 신경을 써줘야 한다.

척추를 일으켜 곧게 하고 나서는 어깨와 팔, 그리고 몸의 나머지 부분도 모두 힘을 뺀다. 즉, 완전히 릴랙스하는 것이다. 이때 주유소 등에 많이 세워져 있는 '바람 인형'처럼 팔과 다리가 바람에 제멋대로 나풀거리는 것을 상상해보자. 그렇게 힘을 완전히 빼면 된다. 이때 주의할 점은 몸의 긴장을 풀더라도 척추에는 의식을 집중해 긴장 상태를 유지해야 한다는 점이다. 이처럼 왓처명상 중에는 항상 긴장과 이완이 조화를 이루어야 한다.

이때 몸에서 힘이 잘 빠지지 않으면 다음 동작을 몇 번 반복한다(익숙해지면 다음 순서로 바로 넘어가도 좋다). 먼저 숨을 천천히 들이마시며 어깨에 서서히 힘을 준다. 그리고 양손을 힘껏 움켜쥔다. 이때 자신의 두려움과 고통을 모두 끌어안았다고 생각한다. 그런 후 한순간에 들이마셨던 숨을 토해내며 그것들을 모두 뱉어 버린다. 주위에 사람들이 없다면 숨을 토할 때 약간의 소리를 지르며 부정적인 생각과 기운을 토해내도 좋다. 또한 동시에 먼저 움켜쥐었던 양손을 아래로 내리며 활짝 펼쳐서 고통이 잘 나가게 한다. 왓처명상에 앞서 이런 동작을 몇 번 반복하는 정도로도 하루 중에 쌓였던 스트레스와 긴장을 쉽게 풀어 버릴 수 있다. 힘들 때 자신도 모르게 한숨을 내쉬게 되는 것도 이와 비슷한 원리이기 때문이다.

이처럼 왓처명상을 시작하기 전에는 마음속의 짐을 모두 내려놓는다. 지금 그 어떤 것도 문제가 될 것은 없다. 미래의 걱정도 내려놓고 과거의 후회도 내려놓고, 지금 생각나는 모든 것들을 내려놓자. 자신의 이름까지도, 자신이 누구인지도 잊어버려라. 그 순간만큼은 오직 마음의 휴식을 취한다고 생각하자. 단 몇 분간의 휴식을 목표로 정하고 모든 것을 잊은 채로 왓처명상을 시작해야 한다.

자, 이렇게 앉아서 준비가 끝났다면 그다음에는 눈을 감는다. 그러고는 마음의 눈을 아주 크게 뜬다. 뒷장의 명상하는 그림처럼 마음의 눈 이미지를 머릿속에 그리면 된다. 아주 크게 눈을 그리고 자신이 그 눈으로 왓칭하고 있다고 상상한다. 그리고 그 마음의 눈에서 나오는 빛이 점점 밝아진다고 상상하자. 이때 마치 서치라이트의 불을 밝게 켜고 지켜본다고 이미지를 그리면 좋다.

그다음 앞에서 배운 생각클리어 방법 3가지를 실행한다. "내가 지금 무슨 생각을 봤지?" 스스로 물어 그 생각을 보고, 놔두고, 찾기를 하면 된다. 이때 생각이 모두 사라지면 텅 빈 공간을 주시(응시)하며 계속 경계를 해야 한다. 생각을 찾는 것에만 집중을 해야 한다.

그 순간 이것을 느껴보자! 생각이 사라진 것을 인지하고 있는 자, 생각을 지켜보며 경계하고 있는 자, 생각이 나타나면 그것을 아는 자, 그는 누구일까? 그가, 곧 '왓처'이다. 어렵지 않다. 그 순간 내가 곧 마음의 주인, '왓처'인 것이다.

이처럼 생각과 감정(대상)을 다루기 위해서는 그것을 인지하는 자(주체)를 느껴야 제대로 된 왓칭을 하는 것이다. 왓처명상에서는 이런 '왓처'를 느끼고 그 '왓처'로서 깨어서 생각을 바라보는 것을 연습하는 것이다.

그런 과정에서 만약 생각이 나타나더라도 걱정할 필요는 없다. 왓처명상을 통해 왓처의 존재감을 확실히 느꼈다면, 생각이 있는 쪽을 바라보기만 해도 생각은 바로 사라진다. 생각의 주인인 왓처가 바라보는데 생각이 감히 그 자리에 있지는 못한다. 그리고 잘 안 되더라도 그때 "내가 지금 무슨 생각을 봤지?"라고 물으면 왓처의 존재로 쉽게 돌아갈 수 있다. 그러면 그다음 생각이 올 때까지 잠시의 간격, 틈이 생긴다. 그 틈을 느끼고 완전한 고요를 즐겨보자. 그 틈이 왓처명상으로 좀 더 길게 이어지면 더 깊게 자신의 내면으로 들어갈 수 있다. 이런 과정을 반복하다 보면 완전한 명상의 몰입 속으로 들어갈 수 있게 된다.

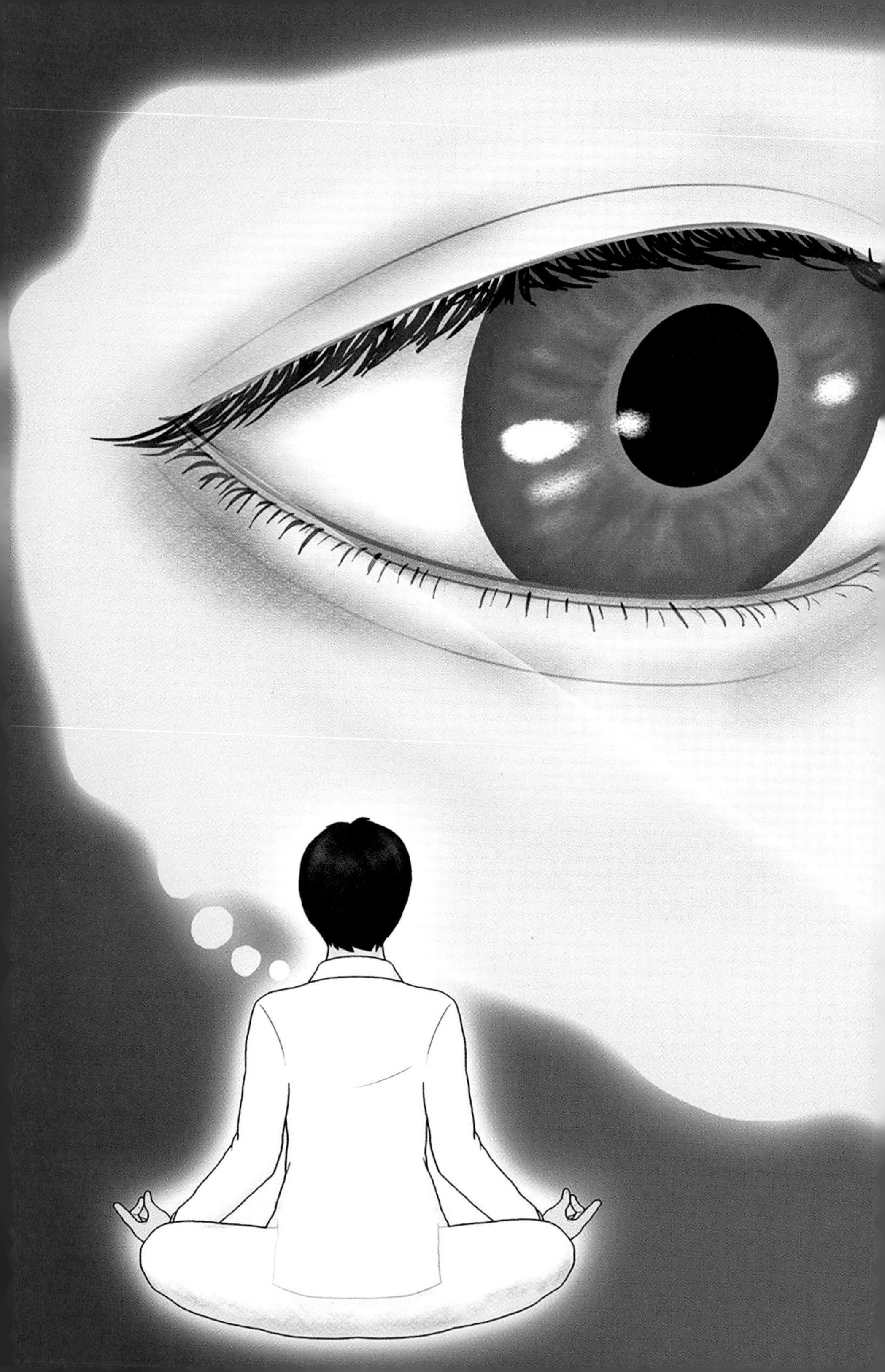

내가 지금 무슨 생각을 봤지?

지금부터 왓처명상을 통해 생각에서 벗어나 깊고 청정한 고요함을 즐겨보자. 그 순간이 바로 마음이 온전히 휴식하는 시간이 될 것이다. 그런 가운데 저절로 기쁨이 샘솟게 된다. 무한한 자신감이 올라가게 된다. 왓처의 무한한 힘과 바로 이어진 상태이기 때문이다. 이런 상상 이상의 기분을 맛보고 나면 그다음부터는 누가 하라고 해서가 아닌, 스스로가 원해서 왓처명상을 하게 된다.

왓칭 수업 중에 그 자리에서 난생처음 명상을 해본다는 사람들도 이 방법으로 생각에서 쉽게 벗어나 잠깐이지만 마음의 고요를 맛보았다고 했다. 이 명상법을 시도한 대부분의 사람이 바로 효과를 얻었고 그 후 명상이 더 쉽고 재미있어졌다고 했다.

이제 당신의 차례다. 지금 바로 시작해보자. 준비할 것은 없다. 바로 자리에 앉으면 된다. 그리고 마음속 눈을 크게 뜨는 그림을 떠올리자. 그렇게 마음의 눈을 크게 뜨고 깨어서 자신을 스스로 지키는 것이다. 그러면 누구나 어렵지 않게 생각이 끊어진 깊고 고요한 공간으로 들어갈 수 있다. 그때 고요함 속에서 호흡이 들고 나가는 것을 관찰하며 호흡에 집중하는 것도 에너지를 좋게 해주는 방법이다. 그리고 왓처명상은 아침에 기상하고 나서 바로 하면 더 쉽게 된다. 그때가 잠에서 깬 직후라서 생각의 방해가 가장 적기 때문이다. 또한 저녁에 잠들기 전에 하면 이완이 잘 되어서 잠들기가 편하다.

앞에서 생각클리어를 길게 하는 방법을 배웠을 것이다. 그것과 왓처명상의 차이점은 몸의 자세를 제대로 갖추고 좀 더 집중해 명상으로 몰입해 들어가게 하는 것에 있다. 이제 생각클리어를 더 발전시켜 왓처명상과도 친해져 보자.

왓처명상할 때 주의해야 할 점

명상할 때 실수하는 대부분이 잘해야 한다고 생각하는 것이다. 그리고 계속 발전하기를 원한다. 결국 무엇인가를 얻기 위해 하게 되는 것이다. 그러다 보니 비교하게 되고 평가하게 되고 마지막에는 실망하게 된다. 그러나 명상이란 무엇을 얻기 위함이 아니라, 그런 무엇까지도 완전히 비우는 작업이다. 모든 것을 비웠을 때 왓처의 존재를 느낄 수 있기 때문이다.

그래서 왓처명상의 목적은 없다. 다만 고요함 속에서 자신이 존재하고 있다는 것, 즉 이 자리에 지금 있다는 것 하나면 된다. 그것만으로도 만족이다. 더구나 명상이 깊어질수록 지금 이 자리에 앉아 있는 자신이 장대한 큰 산처럼 깊고 고요한 호수처럼, 그리고 밝게 빛나는 큰 별처럼 느껴진다면 정말 멋진 일이 아닌가. 그런 존재의 느낌으로 왓처명상을 해보자. 그러면 '여기 있음(존재)' 하나에도 감사해 뜨거운 눈물이 흘러나올 수도 있다. 이처럼 자신의 존재를 온전히 느끼는 것, 그것이면 훌륭하다. 그 존재가 곧, 왓처이기 때문이다. 그러니 생각과 같은 수준에서 힘들이지 말고, 위대한 존재인 왓처로 여기에 있어 보는 것은 어떤가. 그것이 왓처명상이다.

그런 이유로 왓처명상을 할 때는 잘하려고 하지 말자. 차라리 못 하겠다고 결심하자. 그래야 긴장하지 않고 생각의 꼬임에 빠지지 않아 쉽게 명상에 성공할 수 있다. 잘하겠다는 생각이 다른 생각을 부추길 여지를 주지 않아야 한다. 또한 당장에 어떤 효과를 기대하지도 말자. 그저 마음의 휴식을 취하자. 처음에는 그것이면 충분하지 않은가. 이렇게 단 하나만을 머릿속에 두는 것이다.

'지금 여기에 앉아 마음을 휴식하고 있다. 그래서 좋다!'

이렇게 단순하게 나아가야 명상 초기의 높은 벽을 넘어설 수 있다.

왓처명상하는 시간은 어느 정도가 좋을까

명상은 오래 할수록 더 효과적이라고 생각한다. 하지만 그것도 하나의 생각이 아닌가. 왓처명상을 할 때만큼은 시간이라는 요소에서 과감히 떠나보자. 그리고 완전한 자유 속에서 임해보자. 걸릴 것은 아무것도 없다. 왓처명상을 하는 동안에는 생각에서부터 벗어나 무한한 자유를 느껴보면 되는 일이기 때문이다.

그다음 모든 일은 그때그때 내면으로부터 오는 느낌대로 하면 된다. 왓처명상도 그렇다. 의무감 때문에 오늘도 해야만 한다는 생각이 들면 그것도 내려놓아야 한다. 매일 십 분씩 아니면 삼십 분씩 해야 한다고 정했다면, 그 시간이 가야만 끝난다는 생각이 명상하는 내내 들 것이다. 또한 그 시각을 확인해야 한다는 생각도 올 것이다. 그런 것들은 모두 명상에 방해 요소다. 그리고 예정된 시간을 다 채우려면 그 명상 시간이 얼마나 지루해지겠는가. 시간이 중요한 것이 아니라 명상이 중요하다. 이제는 그런 틀은 모두 걷어내어 버리자. 왓처명상을 할 때만은 세상의 모든 허물을 벗고 내면의 세계로 들어가는 문을 열어보자.

왓처명상은 시간을 재는 게임이 아니다. 처음에는 30초라도 좋고,

1분도 좋고, 3분도 좋다. 그리고 10분도 좋다. 하고 싶은 만큼, 여유 시간이 되는 만큼만 해도 된다. 왓처명상을 하기 위해 지금 자리에 또 앉았다는 것이 더 중요하다. 몇 번 길게 하고 마는 것보다는 자주 하는, 아니 매일 하는 것이 더 효과적이다. 이처럼 왓처명상 중에는 시간에서 벗어나 완전한 자유를 만끽해보자. 그리고 어느 순간 그만해도 좋다는 느낌이 온다면 그때 끝내면 된다.

그런데 매일 바쁘고, 피곤하고, 혼자서 명상할 공간이 없다는 사람도 있을 것이다. 하지만 그렇다고 명상을 못 한다는 생각은 버리자. 다 방법이 있다. 앞서 생각클리어를 길게 하는 방법을 알려주지 않았나. 그것을 연습하면 된다. 중요한 것은 길게 하는 것보다 매일 하는 것이라는 것을 명심하자.

왓처명상 중에 졸음 때문에 힘들다면

앞에서 척추를 일으켜 곧게 세우면 명상 중 졸음을 방지하는 데 좋다고 했다. 그런 가운데도 계속 졸음이 몰려온다면 그때는 어떻게 해야 할까? 아주 간단한 방법이 있어 소개한다.

눈을 감고 왓처명상을 할 때 가장 힘든 것 중 하나가 졸음이 몰려오는 것이다. 그것은 몸과 마음이 함께 이완되어버리기 때문인데 그럴 때는 뒷장의 그림처럼 이미지를 그려보자. 명상 자세로 앉아서 눈을 감고 가파른 절벽 끝 위에 앉아 있다고 상상하는 것이다. 그러면 그 순

간 정신이 바짝 들 것이다. 거기다 날카롭고 차가운 바람이 낭떠러지 위에 앉아 있는 자신을 향해 불어온다고 느껴보라. 이처럼 위험하다고 몸이 스스로 인식하면 절대로 졸음이 다가오지 못한다. 나 또한 이 방법으로 졸음을 쫓으며 명상을 하곤 한다. 졸음이 올 때 꼭 한번 시도해보자. 어렵지 않고 효과가 있다는 것을 느끼게 될 것이다.

왓처명상을 잘할 수 있는 또 하나의 명상 팁

두 눈이 생각의 움직임을 좌우할 포인트가 될 수도 있다는 사실을 아는가? 지금, 일주일 전 점심으로 무엇을 먹었는지 떠올려보라. 아마 자신도 모르게 무의식적으로 눈을 위로 향해 치켜뜨게 될 것이다. 이처럼 과거에 대한 기억을 떠올리려 하면 자동으로 위를 쳐다보게 된다. 아마도 기억이 뇌에 있다고 여겨 그 뇌가 있는 위쪽을 쳐다보는 것이 아닌가.

그렇다면 이번에는 반대로 눈을 아래로 향해 보자. 가슴 쪽을 향해 보는 것이다. 그러면 놀랍게도 생각이 별로 올라오지 않는다. 생각이 위쪽의 머릿속에서 움직이지 아래쪽인 발에서 움직이지 않기 때문이다.

지금 한번 시도해보자. 아마도 생각이 잘 올라오지 못할 것이다. 이렇게 계속 아래를 향해 눈을 뜨고 있으면 생각이 올라오는 것이 많이 줄어드는 것을 느낄 수 있다. 앞서 추측한 것처럼, 눈과 생각을 하는 뇌의 사이가 좀 더 멀어지기에 이런 현상이 일어나는 것 같다. 이처럼 머리에서 멀어지고 가슴에 가까워질수록 생각에서도 멀어진다. 그래서 가슴 쪽으로 향해야 왓처로 가는 길이 더 쉽게 열리는 것이다.

마지막으로 눈을 정면을 향해 뜨게 되면 앞의 사물들이 보이게 된다. 그때는 시각이 활동하기에 보이는 대로 생각이 계속 올라온다. 그러니 눈을 뜨고 왓처명상을 할 때는 정면으로 눈을 뜨지 말고 약간 아래쪽으로 시선을 향하게 해야 한다. 그때 눈을 흐릿하게 뜨고 아래쪽의 한 물체에만 시선을 고정하면 된다. 그리고 눈을 감고 왓처명상을 할 때도 눈의 방향을 아래쪽으로 하면 더 쉽게 생각에서 벗어날 수 있다.

자신을 안전하게 지킬 수 있는 명상 방법

앞에서 제시한 왓처명상은 초보자도 쉽게 명상을 접할 수 있도록 만든 명상법이다. 이번에는 사랑의 에너지를 높이는 명상법을 알아보자. 그 이름을 '왓처사랑명상'이라고 부른다.

우리는 대부분 자신도 믿지 못하고 타인도 잘 믿지 못해 늘 불안해한다. 또한 험악한 세상은 더더욱 믿을 수 없다고 생각한다. 하지만 머릿속에서 일어나는 생각들을 모두 정확하다고 보면 안 된다. 이번 명상을 통해 자신과 모든 것을 신뢰할수록 더 안전함을 경험해보자. 그리고 당신이 왓처임을 자각한다면, 사랑의 에너지가 자기장처럼 둘러싸 보호막처럼 자신을 보호하고 있다고 느끼게 될 것이다. 그러면 더 이상 안전에 대해서는 걱정하지 않아도 된다.

왓처는 무한한 사랑의 에너지이다. 그리고 그 에너지는 서로 연결이 되어 있어 당신이 그 문을 열어 허용하기만 하면 더 크게 확장을 해나갈 수 있다. 그럴 때 우리는 자신이 혼자 떨어져 있는 개별적인 존재가 아니라, 모두가 하나인 사랑으로 빛나는 존재임을 깨닫게 된다. 그러면 자기 자신을 있는 그대로 사랑하며, 타인도 남이 아니라 자신과 동일하다는 마음에서 더 쉽게 사랑을 베풀 수 있게 된다. 또한 자신의 에너지(사랑)가 높아져 원하는 것을 이루거나 풍요에도 도움이 된다. 이처럼 왓처사랑명상은 자신을 안전하게 지키며 타인도 이롭게 할 수 있는 사랑의 에너지를 높이는 명상법이다.

뒷장에 방법이 소개되어 있으니 꼭 실천해보길 바란다. 아울러 왓처명상에 대해 마지막 말도 전한다.

왓처사랑명상 연습

1. 눈을 감고 왓처명상을 먼저 해서 마음을 고요하게 한다.

2. 마음이 고요한 상태에 이르면 자신을 자신의 몸에 한정하지 않고, 자신의 몸을 둘러싸고 있는 사랑의 에너지라고 보고 그것이 계속 커져 나아가는 상상을 한다. 그래서 자신이 사는 집을 가득 채우고 커질 때는 가족 모두를 그 에너지로 감싸 안고, 그 후 자신이 사는 동네를 넘어설 때는 그 동네에 사는 모든 이웃을, 자신이 근무하는 직장을 넘어 커질 때는 모든 직장 동료를, 그리고 자신이 사는 지역을 넘어설 때는 그 지역의 모든 사람을 그 에너지로 감싸 안아주는 이미지를 그리며 사랑의 에너지를 계속 확장해 나간다. 그런 후 우리나라를 넘고, 아시아를 넘어서 지구 전체로 확장하며, 끝에는 광대한 우주까지 확장해

자신의 큰 에너지로 모든 것을 다 포용하는 것이다.

3. 그다음 모두가 하나가 된 에너지 속에서 풍요와 기쁨을 마음껏 누려본다. 마음을 무장해제 시키고 에너지만을 느껴보려 해보자. 찬란하게 빛나는 사랑의 에너지에 푹 빠져 보는 것이다.

아직 왓처명상이 부족하다면 사랑의 명상이 잘되지 않을 수도 있다. 그때는 왓처명상을 더 연습해보고, 자신을 사랑의 빛이라 이미지를 그리며 하면 좀 더 쉽게 할 수 있다. 우리는 무한한 사랑의 에너지라는 사실을 이번 명상을 통해 꼭 느껴보길 바란다.

♥

마지막으로 왓처명상에 대해 하나만 더 얘기하고 마무리를 하자. 왓처명상을 통해 생각이 모두 사라진 고요한 상태로 있을 때 무한한 왓처의 능력과도 이어지게 된다. 그 순간 당신의 능력 또한 올라가고 있다는 사실을 아는가. 우리는 핸드폰을 충전할 때 에너지 바의 게이지가 올라간 것을 보고 충전이 얼마나 되었는지 알 수 있다. 하지만 마음은 그 능력의 게이지가 얼마나 올라가 있는지 확인할 길이 없다. 그러나 확인할 수 없다고 에너지가 올라가지 않는 것은 아니다. 당신이 왓처명상을 해 왓처의 존재를 느끼는 동안에는 당신의 능력치도 따라서 올라가고 있다. 그 힘을, 그 능력을 이제 온전히 믿고 사용해보자. 당신에게 힘이 있다는 사실을 아는 만큼, 그 힘은 발휘될 것이기 때문이다.

이번 장의 서두에 명상을 설명하며 100억 가치의 돌에 대한 이야기를 꺼냈다. 당신은 이제 그 돌이 바로 '왓처명상'임을 알았을 것이다. 그렇다면 앞으로 그것의 가치를 당신이 누리는 일만이 남았다. 당신은 지금 그 돌을 가지고 있다.

그냥 넣어둘 것인가, 활용해 그 혜택을 누릴 것인가. 이제 그것은 당신이 선택하라.

다섯 번째 무지개

당신의 감정을 치유하는 법

감정클리어

W A T C H E R

나는 소중한 사람입니다,
세상에 꼭 필요한 사람입니다.

권력이 당신이 아니며
돈도 당신이 아니며
인기도 당신이 아니며
명예도 당신이 아닙니다.

한때 그것을 누릴 수는 있지만,
변화하지 않는 것은
당신 그 자체입니다.

감정은 어떻게 움직이나

감정은 덩어리다. 감정은 슬픈 생각이든, 화가 나는 생각이든, 비참한 생각이든, 우울한 생각이든 그것이 거듭되다 덩어리로 커진 것이다. 그래서 그것이 몸에 남아서 느껴진다. 생각은 머릿속에서만 왔다가 곧 사라진다면, 감정은 마음의 상처가 몸에 남아 숨어 있는 것이라 할 수 있다. 그래서 부정적인 감정이 올 때는 가슴이 답답하거나, 가슴이 두근두근하던가, 명치끝이 묵직하든가 따갑던가, 머리가 지끈대던가, 어깨가 결리든가, 목에 무엇이 걸린 듯 불편함을 느끼게 된다.

이럴 때 생각과 감정을 혼동하지 않는 것이 중요하다. 그 둘을 구분하는 방법을 예를 들어 설명해보자. 누구나 걱정이 되면 '내가 혹시라도 잘못되는 건 아닐까? 그럼 어떻게 하지'라는 생각이 머릿속에서 맴돈다. 그러면 그것은 생각이다. 그렇게 생각은 머릿속에서 움직인다. 그리고 그런 생각들이 거듭되다 더 커지면 감정으로 발전한다. 그러

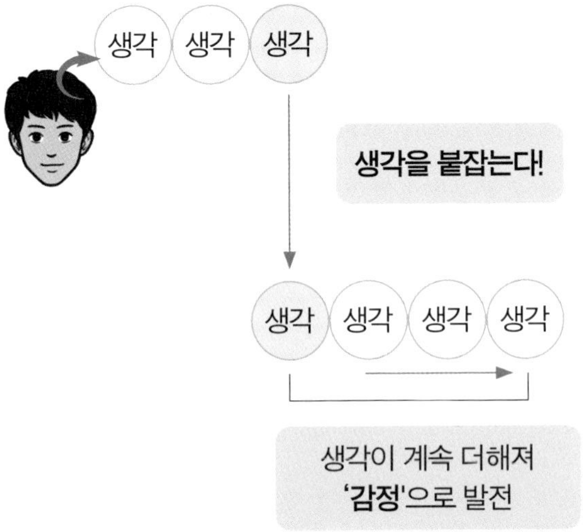

면 그 때문에 가슴이 두근두근 떨리며 심하게 조여 오기도 한다. 감정은 이렇게 몸에서 느껴지는 것이다.

위의 그림을 보면서 더 설명해보자. 감정이 만들어지는 방식은 이렇다. 머릿속에서 지나가는 여러 생각 중에서 하나의 생각을 당신이 붙잡게 되면, 그것과 관련된 생각들이 계속 연이어 올라오게 된다. 그런 과정에서 생각들이 계속 더해지다 보면 어느 순간 감정으로 커지게 되는 것이다. 그러면 그 감정이 또다시 그것과 연관된 생각들을 끌어온다. 결과적으로 당신에게 감정이 오게 되면 더 많은 생각이 더해져 머릿속이 복잡해지게 되는 것이다. 예를 들어 이런 생각을 당신이 붙잡았다고 하자.

'남자 친구(여친)가 다음번에 헤어지자고 할지도 몰라, 정말 두려워!'

그러면 당신의 잠재의식 속에서 그런 기억들과 연관된 생각이 자동으로 오게 된다. 예전의 연인관계에서의 안 좋은 추억이 있다면 그런 생각들이 떠오를 것이다. 하지만 그런 기억이 없다고 해도 친구들이나 인터넷 등 여러 매체로부터 들은 기억이라도 끌어오게 된다. 그렇게 불길한 생각들이 연속되다 어느 순간 두려운 감정으로 커지게 되는 것이다. 그러면 아직 일어나지도 않은 일이지만 이별에 대한 압박과 두려움이 당신을 계속 짓누르게 되면서 가슴이 답답해지거나 머리나 목이 아플 수도 있다. 그러다 보면 자칫 그런 불행한 현실을 당신 앞에 가져올 수도 있다. 이렇듯 부정적인 감정의 힘은 생각보다 훨씬 더 강력하며 지속적이다.

감정은 왜 뜻대로 조절하기 어려울까

감정은 이성적인 상태가 아니다. 감정은 당신을 감정의 회오리 속에 빠뜨린다. 감정에 압도된 그 순간 당신은 아무것도 볼 수 없게 된다. 눈이 먼 짐승처럼 그저 고통스러울 뿐이다.

앞서 생각의 컵 속에 있기 때문에 당신이 생각을 볼 수 없다고 했다. 산의 안으로 들어와 있으면 산을 볼 수 없는 것처럼 말이다. 마찬가지로 당신이 감정의 회오리 속에 있기에 감정을 볼 수 없게 된다. 보지 못하고 그저 고통만 느끼게 된다. 그럴 때 당신은 감정의 먹잇감이 될 뿐이다. 이것이 우리가 감정에 무조건 취약할 수밖에 없는 이유다. 그런 상태에서 언감생심, 그 감정을 조절하기는 어렵다. 그러기는커녕 감정이 움직일 때마다 당신은 그 소용돌이 속에서 괴로울 수밖에 없다. 끔찍하고 불행한 일이 아닐 수 없다. 그러나 당신을 구할 방법은 있다. 그것은 '왓칭'이다.

왓칭은 바라보는 힘을 통해 부정적인 감정에서 나와 그 감정의 치유까지 할 수 있기 때문이다. 이제부터 왓칭으로 감정을 다루는 방법을 '감정클리어'라고 하자. 당신은 감정클리어를 배워 감정 또한 다루게 될 것이다. 그럼 그것을 배우기 전에 당신이 먼저 준비할 것, 그 하나에 관해서부터 이야기해보자.

괴로운 감정에서 벗어나려면 우선 이것이 필요하다

지금 당신이 공포 영화를 보러 혼자서 극장에 갔다고 하자. 그런데 영화의 처음에 컴컴한 뒤에서 갑자기 귀신의 손이 뻗쳐 나와 주인공을 덮치는 장면에 소스라치게 놀라 그만 자리를 뛰쳐나와 버리고 말았다. 극장에서 나온 후 잠시는 그 공포에서 벗어난 것 같았다. 그러나 그렇다고 그것에서 완전히 벗어난 것일까? 혼자서 어두운 밤에 으슥한 골목길을 걷고 있다면 영화 속의 그 장면이 다시 떠오르지 않을까?

하지만 영화이기에 얼마지 않아 잊힐 수도 있을 것이다. 그러나 감정은 그렇지 않다. 감정은 그 정도로 약하지 않다. 아마도 평생 당신을 따라다닐 것이다. 그리곤 당신이 원하지 않을 때도 강제로 상영될 것이다. 그 영향에서 쉽게 벗어날 수 없다. 그리고 그에 따른 감정의 피해는 당신도 잘 알고 있는 그대로다. 최악의 경우는 한 사람을 완전히 말살하는 지경에 이를 수도 있으며, 그로 인해 최근에는 병원 신세를

져야 하는 사람들도 많아져 가는 추세다.

반면에 극장에서 편하게 앉아 끝까지 영화를 보고 귀신의 정체를 알고서 극장을 나왔다면 그 공포가 가짜라는 것을 깨달을 수도 있다. 감정도 이와 마찬가지로 바라보게 되면 그것이 생각이 만들어 낸 가짜임을 알 수 있다. 그러나 우리는 감정을 제대로 바라보지 못한다. 그 이유는 앞서 말한 대로 감정의 회오리 속에 빠져 있기에 감정을 영화처럼 볼 수 있다는 사실을 모른다. 편하게 영화처럼 감상하면 되는데 마치 자신이 영화 속의 피해자가 된 것처럼 공포를 실제로도 느끼게 되는 것이다.

그리고 또 하나는 부정적인 감정을 직접 보기가 겁나고 싫어서 무조건 감정을 회피하게 되는 경우다. 그럴 때 필요한 것이 '용기'이다. 감정을 피하지 않고 직접 경험해보고 그리고 또 받아들이겠다는 용기가 있어야 한다. 이것이 쉽지 않기에 먼저 마음의 준비를 하자고 한 것이다.

지금부터는 당신이 선택해야 한다. 평생 강제 상영되는 부정적인 감정의 영화를 보며 그때마다 고통을 당할 것인가? 아니면 용기를 가지고 그 영화를 끝까지 봐서 단기간에 감정의 괴로움에서 벗어날 것인가?

뒷장의 그림은 앞의 내용을 이해하기 쉽게 정리해본 것이다. 왼편은 이제까지 우리가 부정적인 감정에 반응해 대응했던 방법이다. 우리는 감정을 직접 대면해 바라보지 못했다. 그리고 감정을 일으킨 사건에 대한 생각을 거듭해 그 감정을 상상의 무서운 괴물로 둔갑시켰

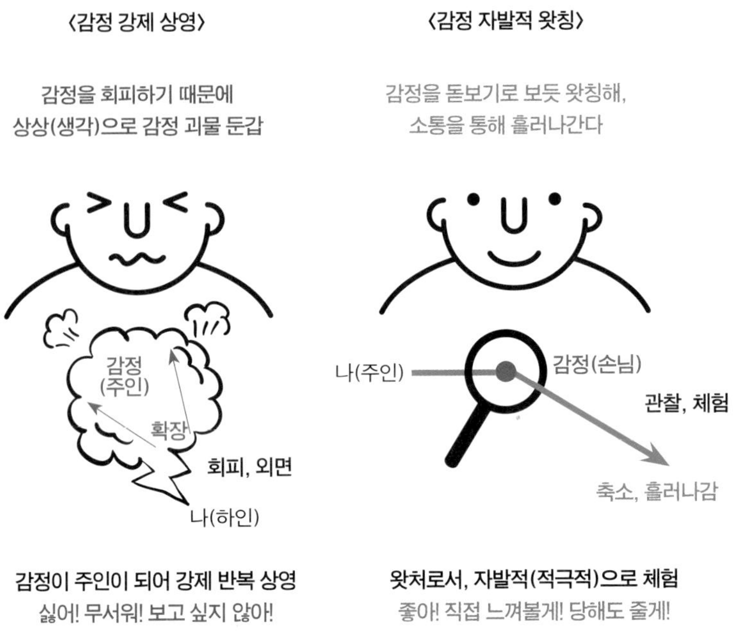

다. 그리고서는 '싫어! 무서워! 보고 싶지 않아!'하며 계속 모른 척 외면하며 피하게 되었다. 하지만 벗어나려고 한다고 벗어나지는 것은 아니다. 그럴수록 벗어나기는 더 어렵다. 저항하는 것은 지속될 수밖에 없기 때문이다. 그런 식으로 부정적인 감정이 강제로 상영된 것이다.

좀 더 설명하면, 벗어나려는 생각이 더 많은 생각을 부추기고 그렇게 만들어진 감정에 계속 에너지를 빼앗기며 또한 그 에너지로 생각과 감정은 더욱더 커지게 된다. 결국은 부정적인 악순환으로 들어간다. 감정의 회오리 속으로 깊게 빠지게 된다. 그럴 때 부정적인 감정이 우리를 좌우하는 주인이 되고, 우리는 그 하인이 되어 감정의 지배를 받게 되는 것이다.

반면에 그것을 해결하려면 그림의 오른쪽으로 넘어오면 된다. 그림처럼 감정을 직면해 바라보아 느끼고 체험하며 받아들여 주면 되는 것이다. 이때 자신을 감정과 동일시하지 않고 돋보기나 현미경을 들고 감정을 세밀히 관찰하며 직접 느껴보면 된다. 왓처로서, 감정의 주인으로서 '좋아! 직접 느껴볼게, 당해도 줄게!' 이렇게 큰마음으로 수용하고 나가는 것이다. 그러면 감정이라는 영화를 보듯 감정만을 온전히 관찰하고 이해할 수 있게 된다. 저항하지 않기 때문에 생각이 일어나지 않고 감정 하나만을 오롯이 느끼게 되는 것이다. 이처럼 부정적인 감정을 인정하고 마음으로 받아들이고 이해해줄 때 비로소 감정으로부터 자유로워질 수 있다. 그때 우리가 감정의 주인이 되어 감정을 다룰 수 있게 되는 것이다.

그렇다면 실제로 감정을 제대로 경험하는 것에 대해 좀 더 살펴보자. 왜냐하면 감정을 느꼈다고 생각하는 사람들이 감정을 보면서 경험하는 것과 자신이 감정을 느끼는 것은 무엇이 다른지 자주 묻기 때문이다.

예를 들어 슬픔을 보고 경험한다는 것은 어떤 것일까? 이전에 자신이 느꼈던 슬픔과는 어떻게 다를까? 그것은 슬퍼하는 것과 슬픈 것을 체험하는 것의 차이다. 이전에 느낀 슬픔은 슬픔을 자신과 동일시해 슬픔이란 감정의 컵 속에 푹 빠진 상태로 슬퍼한 것이다. 이때 당신을 슬프게 만든 것은 어떤 사건 때문에 올라오는 슬픈 생각들이다. 그래서 슬프기만 했지, 그때 슬픔이 어떤 느낌인지를 제대로 체험해본 것은 아니다. 예컨대 슬픈 영화 속의 주인공이 마치 자신인 것처럼 슬퍼한 것이라 볼 수 있다.

반면에 슬픔을 보고 경험한다는 것은 슬픔이라는 감정의 컵에서 나와 그 밖에서 자신이 왓처로서 객관적으로, 돋보기로 들여다보듯, 관찰하며 보는 것이다. 그러면 '아! 슬픔이란 이렇게 생겼구나, 이런 느낌이구나'하고 체험하게 된다. 예를 들어 슬픈 영화를 극장에서 관객으로서 거리를 두고 관람하듯 보는 것이라 생각하면 된다. 그럴 때 당신은 그 감정이 전하는 이야기를 듣고서 위로하고 이해하고 도와줄 수 있게 된다. 그런 과정을 통해 슬픔의 응어리가 서서히 풀려 당신의 밖으로 흘러나가게 된다. 자연스럽게 해소가 된다. 이처럼 모든 일은 자연스레 풀어지게 해야 하는 것. 억지로는 되지도 않고, 설령 된다고 해도 부작용이 있어 오래 가지 못한다.

게다가 슬픔이란 감정을 자신과 동일시하게 되면 내가 곧 슬픔이 되기 때문에 자신을 스스로 위로하지 못하고 타인에게서 위로와 도움을 받아야만 한다. 하지만 내가 슬픔을 동일시하지 않고 바라보게 되면, 나 스스로 감정을 치유하고 정화할 수 있게 된다. 이 차이는 매우 크다. 당신이 감정의 주인이 되느냐, 아니면 감정의 하인이 되느냐가 결정되기 때문이다. 그리고 타인에게 의지할 필요가 없기에 그들의 눈치를 볼 필요도 없이 스스로 자신을 도울 수 있게 된다.

통증도 바라보면 사라질까

감정클리어 수업을 진행하기 전에 꼭 먼저 하고 넘어가는 것이 있

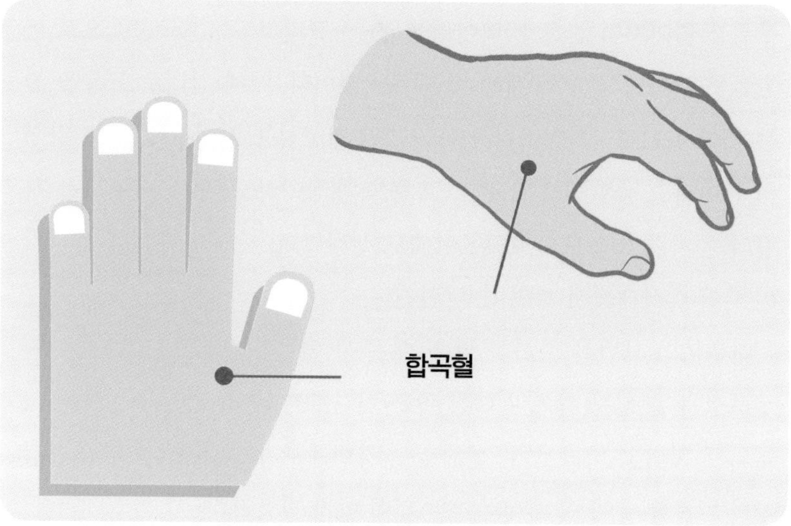

다. 몸의 통증을 바라볼 때 정말로 그 통증이 경감되거나 사라지는지 실제로 느껴보는 것이다. 우리는 아직 바라보는 힘에 대한 경험이 많지 않기 때문에 이 힘이 얼마나 강력한지 잘 모르고 있다. 이제 당신도 그것을 직접 해보고 느껴볼 기회다.

식사하고서 소화가 잘 안 된다거나 체하였을 경우 위의 그림처럼 손등에서 엄지와 검지의 사이 부분인 합곡혈을 강하게 눌러주면 아픈 통증은 있지만, 소화되는 것에 도움을 받기도 한다. 몸에 해를 주는 것이 아니니 부담 없이 도전을 해보고 정말 통증이 경감되는지, 사라지는지, 아니면 계속 아픈지 직접 체험해보면 좋겠다.

먼저 합곡혈을 반대 손의 엄지로 강하게 계속 누른다. 그러면서 통증이 느껴지는 곳을 눈으로 계속 바라본다. 이때 바라보는 요령은 그 부위를 뚫어져라 눈으로 레이저를 쏘듯, 그리고 그 안을 송곳으로 파고들듯 강하게 집중해 계속 바라보는 것이다. 이때 절대로 고통을 참는 것이 아니다. 그저 바라보는 것에만 집중하는 것이다. 그리고 자신의 몸이라고 동일시하지 않고 그 몸도 대상이라고 여겨 마치 다른 사람의 몸처럼 바라보자. 또한 이때도 생각클리어를 먼저 실행해 생각이 사라진 상태에서 하면 더 쉬워진다.

대부분의 사람은 주사를 맞을 때 주사 맞는 부위를 바로 바라보지 못하고 눈을 질끈 감거나 다른 쪽을 쳐다보게 된다. 그러나 이제는 그 부위를 똑바로 바라보자. 실제로도 경험해보자. 이처럼 통증이나 감정의 고통을 용기 있게 마주하는 것이 먼저 필요하다.

앞서도 말했지만 우리들 대부분은 감정이나 통증을 제대로 느껴본 적이 없다. 그 느낌이 싫거나 무서워 무조건 피했다. 그러다 보니 상상으로 그 괴로움과 통증을 더 증폭시키게 되었다. 그래서 정말 그런지 직접 체험해보는 것이 필요하다. 왜냐하면 왓칭의 강력한 힘을 직접 확인해 볼 수 있는 좋은 기회이기 때문이다.

왓칭 수업에서 통증 바라보기를 해보면 대부분의 사람이 통증이 줄어드는 것을 느끼고 깜짝 놀란다. 조금 전에 왓칭을 하지 않고 했을 때 많이 아프던 것이 바로 왓칭을 하자마자 실제로 줄어드니 믿을 수 없기 때문이다.

당신은 어떤가? 통증이 경감이 될 수도 있고, 아닐 수도 있을 것이다. 그러나 되지 않더라도 실망할 필요는 없다. 옆에서 내가 도와주는 것이 아니기 때문이다. 다만 왓칭의 힘에 대해 알고 있다면 된다.

그리고 왓처명상 중에도 다리가 저리거나 어느 부위가 가려울 때 그곳을 계속 바라보면 통증이 사라지듯 잠시 뒤에는 저리고 가려운 것이 줄어들거나 사라져 버리는 경우가 있다. 이처럼 바라보는 힘이 강하다면 줄어들거나 사라질 수 있는 것이다. 그럼 이제는 본격적으로 감정클리어 방법에 대해 배워보자.

당신의 감정을 치유해주는 감정클리어 방법 3단계

감정클리어는 앞서 설명한 대로 용기를 가지고 직접 부정적인 감정과 대면하는 것에서부터 시작한다. 이를 연습하기 위해서 노트를 활용하는 것이 좋다. 먼저 노트에 감정이나 생각을 쓰게 되면 자신과 분리되는 효과가 있고, 그로 인해 감정을 떠올리기도 쉽다. 또한 감정클리어를 해나가며 그때마다 감정이 경감된 수치를 기록하면 그 효과를 눈으로 보며 동기부여도 될 수도 있다.

이제 감정클리어 방법을 이해하기 쉽게 3단계로 나누어 설명할 텐데, 감정클리어 연습을 할 때는 시간을 내어 한 번에 1단계부터 3단계까지 이어서 연속으로 하는 것이 좋다. 부정적인 감정과의 소통까지 끌어내어야 감정이 제대로 흘러나갈 수 있기 때문이다. 앞으로 감정클리어를 줄여서 '감클'이라고 친근하게 불러도 좋다.

감정클리어 1단계: 감정을 손으로 직접 꺼내어 흘려버리면 흘러나간다.

예전의 어느 날, 감정 때문에 너무도 속이 상하고 답답해서 산에 가

서 명상한 적이 있었다. 그래도 잘 풀리지 않아 그때 나도 모르게 몸 안에서 감정이 느껴지는 곳으로 손을 쑥 집어넣어 그것을 꺼내 손바닥 위에 올려놓고 바라보았었다. 그런데 놀랍게도 그것만으로도 답답했던 마음이 일부는 진정되는 것이 아닌가. 그런 후에 다른 사람에게도 가능할지 궁금해 왓칭수업에서 이 실습을 해보았는데 거의 대부분의 수강생이 비슷한 말을 했다.

"정말 꺼내어지는 것 같아요. 가슴이 좀 후련해지는데요. 신기해요!"

이처럼 부정적인 감정도 하나의 에너지이기에 직접 손을 넣어 꺼내면 신기하게도 만져지는 느낌이 들며, 밖으로 나온다는 느낌 또한 전해져 온다. 보통 억울한 일을 당하거나 분노가 일어나 가슴이 답답해지면 자신도 모르게 무의식적으로 가슴이나 명치 쪽을 손으로 탁탁 치게 되지 않는가. 그것은 그런 부정적인 감정이 그쪽으로 숨어 들어가 버리기에 본능적으로 그렇게 하는 것이다. 그렇듯 감정은 보통 가슴이나 명치 쪽 부근에 있게 될 가능성이 크다. 당신도 지금 감정으로 힘들 경우 외면하거나 그대로 방치하지 말고, 이런 방법으로 그 일부라도 꺼내어 바라보자. 그러면 놀랍게도 그 고통의 일부가 경감이 되는 것을 느끼게 될 것이다.

앞서 감정을 설명하며, 감정의 회오리 속으로 빠져서 들어가면 나오기가 힘들다고 했다. 그러나 이렇게 하면 감정과의 분리가 매우 쉽게 이루어진다. 이 방법이 감정을 치유하고 흘려버리는 좋은 시작이 되어줄 것이다.

감정 클리어 1단계 연습: 화, 분노

감정클리어 연습 1단계는 감정 중에 화(분노)의 감정을 꺼내어 흘려버리는 연습을 해보자. 이 연습은 눈을 감고 옆의 그림과 같은 이미지를 그리면서 하면 된다.

1. "나는 어떤 때 화가 난 것을 참을 수 없었나?" 자신에게 질문해 과거나 최근에 화가 났던 때를 떠올려 그때 느꼈던 것을 노트에 상세히 적어본다.

2. 눈을 감고 화가 난 상황을 떠올릴 때 그 감정으로 불편한 몸의 해당 부분으로 손을 쑥 집어넣어 감정의 덩어리가 잡히

는 대로 잡아서 천천히 꺼낸다. 물론 상상을 통해 이미지를 그리며 하는 것이다. 보통 가슴이 답답할 경우가 많은데, 이 방법으로 가슴 속에 불편한 감정의 덩어리를 꺼내어 본다. 한 번에 다 꺼내어지지는 않기에 일부라도 꺼내진 느낌이 든다면 그것을 손바닥 위에 올려놓는다.

손바닥 위에 꺼내진 감정을 바라보며 토닥토닥 위로의 말을 전하고 강물 위에 흘려버린다고 이미지를 그리며 천천히 놓아준다. 그리고는 흘러가는 모습을 지켜본다. 실제로도 강가에 가서 직접 해보니 효과가 더 있었다. 기회가 된다면 직접 강가로 가서 해보면 좋겠다(위로의 말은 뒤에 202쪽 참고).

3. 감정클리어로 감정이 얼마나 경감되었는지 그 느낌을 수치로 노트에 기록한다. 처음에 감정의 덩어리를 꺼내기 전의 감정의 불편한 강도를 100이라고 할 경우, 감정을 놓아 흘려버리고 난 다음의 감정의 강도를 숫자로 노트에 쓰고, 그때 느낀 점들을 쓴다. 이런 과정을 몇 차례 더 진행하고 그때마다 감정의 강도 변화를 체크해 예를 들면 100에서부터 85, 60, 25 등으로 점차 줄어나가는 것을 확인해본다.

감정클리어 2단계: 감정을 바라보면 점차 사라진다.

앞의 감정클리어 1단계에서 밖으로 꺼내어진 감정의 덩어리 외에도 몸 안에 남아 있는 감정이 있을 것이다. 감정클리어 2단계에서는 몸 안에 있는 감정을 집중해 바라보아 흘려버리는 방법이다. 앞에서 통증도 바라보면 사라지게 된다는 것을 알았다. 그 방법을 부정적인 감정에도 적용해보면 된다.

감정을 바라본다는 것은 내가 왓처(주인)으로서 몸의 불편한 부위(대상)에 의식을 집중해 사랑의 마음으로 바라보는 것이다. 그때 눈을 감고 몸의 부위 안으로 직접 들어가서 그 느낌을 확실하게 낱낱이 느껴 보아야 한다. 자신이 자발적으로 적극적으로 찾아 들어가 느껴 보겠다는 용기가 필요하다고 앞서 강조했다.

"좋아, 이제는 피하지 않고 감정을 확실하게 경험해보겠어! 어떤 느낌인지 정말 알고 싶어! 처음에는 싫을 수도 있겠지만 꼭 확실하게 느껴볼게!"

이처럼 열린 마음으로 용기를 가지고 충분히 감정을 바라보고 느껴서 그것이 스스로 경감되는 것을 실감해야 한다. 하지만 처음에는 싫고 무서운 것을 바라보아야 하기에 몸과 마음이 힘들 수도 있다. 미리 초코릿이나 자신이 좋아하는 간식을 준비해 가벼운 마음으로 임해보자. 그리고 감정을 바라보기 위해서는 마음의 힘이 필요하니, 생각클리어나 왓처명상 후에 하면 좀 더 용기를 낼 수 있다.

뒷장의 그림과 같은 이미지를 머릿속에서 그리며 먼저 왓처명상을 한 후, 감정 때문에 불편한 몸의 부위로 직접 고개를 돌려 바라본다. 이때 하늘 위에서 찬란한 무지개 빛이 몸의 불편한 부위를 비추며, 그 속에서 감정을 바라보는 것처럼 이미지를 그리면 좀 더 효과적으로 왓칭할 수 있다. 그 순간 무지개 빛으로 사랑의 샤워를 하고 있다고 기분 좋게 이미지를 그리면 된다.

이때 중요한 포인트가 있다. 감정을 바라볼 때 머리로 생각하지 말고, 몸의 그 부위만을 집중적으로 계속 뚫어져라 바라보는 것이다. 다시 생각을 하게 되면 감정이 또다시 부추겨져서 커지게 될 위험이 있기 때문이다. 그러면 예전과 똑같아지게 된다. 그럴 때 계속 떠오르는 생각으로 감정을 바라보는 것에 집중이 안 된다면, 생각클리어나 왓처명상으로 바라보는 힘을 기른 후에 연습하는 것도 좋다.

그리고 여성과 남성이 감정에 대응하는 방법이 좀 다르다는 것을 알아야 한다. 여성은 감정을 자신과 동일시하는 것에 익숙해 있어 자신을 감정의 피해자로 잘 만들어 버린다. 반면에 남성은 어릴 때부터 감정은 남자답지 못한 것이라 여겨 무시하거나 아니면 싸워서 물리쳐야 한다고 알고 있다. 그런 이유로 여성들은 감정이 너무 과도하게 느껴져 감정클리어를 하기가 힘들고, 남성들은 감정이 잘 느껴지지 않아 감정클리어를 하기가 어렵다. 하지만 느껴지지 않는다고 감정이 없는 것은 아니다. 몸속 깊게 들어가 있어 잘 느끼지 못했을 뿐이다. 그럴 때는 앞서도 말한 것처럼 감정에 대한 느낌을 노트에 적으며 연습하면 감정을 더 쉽게 느낄 수 있다.

또한 과거에 대한 감정을 연상할 필요 없이 지금 바로 감정이 느껴지고 있다면 감정클리어 2단계를 실제로 연습해볼 좋은 기회다. 물론 감정에 깊게 빠지면 감정을 보지 못하게 돼 연습하는 타이밍을 놓칠 수도 있다. 하지만 몇 번 반복하다 보면 점차 현재 발생한 감정도 처리하게 될 것이다. 그때는 노트 쓰기 없이 바로 연습에 들어가면 된다.

감정 클리어 2단계 연습: 슬픔

여기에서는 여러 감정 중에 슬픔을 예를 들어 연습해본다. 슬픔이란 상실, 실망, 좌절 등의 부정적인 사건으로 일어난 감정이다. 그런 슬픔을 제대로 해소하지 않고 방치하면, 그 슬픔이 씨앗이 되어 자신이 약해질 때마다 더 큰 슬픔과 절망감으로 자신을 무력화시킬 수도 있어 꼭 감정클리어를 해야 한다. 이 때 앞서도 설명한 대로 슬픔이란 감정에 자신을 동일시하는 것이 아니라, 그 감정을 바라보고 체험해보아야 한다는 것을 명심해야 한다. 그럼 노트를 펴고 시작해보자.

1. "나는 어떤 일로 가장 슬펐었나?" 자신에게 질문해 최근이나 아니면 과거에 슬픔을 느꼈던 상황을 노트에 상세히 적어본다. 그리고 감정클리어 1단계를 실행해 꺼내지는 감정은 먼저 흘려버린다.

2. 슬펐던 그때를 떠올려보며 지금 몸에 어떤 느낌이 느껴지는지 노트에 적고, 몸의 불편한 부분 쪽으로 직접 고개를 돌려 집중적으로 뚫어져라 3분 이상 바라보며 통증이 줄어드는지 본다. 이때 생각이 들면 생각클리어로 바로 흘려버리고, 오직 몸에 느껴지는 감정만을 집중해 바라보아야 한다.

   그리고 사랑의 눈길로 감정을 바라보아주어야 한다. 그럴 때 감정이 측은해 눈물이 난다면 마음껏 울어도 좋다. 그러나 예전에 슬퍼서 우는 것과는 다르다. 그때는 우는 동안 슬픔이 더 커졌다면, 지금은 슬픔이 해소되어 씻겨 나가는 과정으로 울고 나면 시원함도 느끼게 된다. 그것은 자신이 슬픔에 푹 빠져서(동일시) 우는 것과 그 슬픔을 바라보다 측은해 울게 되는 차이이다.

그리고 앞서 설명한 대로 남성의 경우는 슬픔의 감정이 몸에 잘 안 느껴질 때도 있다. 그럴 때는 1번 항목으로 다시 돌아가 그때의 상황과 그 느낌을 더 상세히 길게 써보자. 그때를 회상하며 드는 생각들을 나오는 대로 계속 적어보는 것이다. 그러다 보면 감정이 몸에 느껴질 수도 있다. 만약 그래도 안 되면 생각을 쓴 것으로 만족하고 후에 다시 시도해본다.

3. 몸을 바라보며 감정이 느껴지는 몸의 변화와 느낌을 노트에 적는다. 그리고 처음에 감정이 느껴지는 강도를 100이라고 하고, 약 1~5분 간 계속 지켜보고 나서의 변화된 감정의 강도를 100~0까지 중 해당 숫자로 기록한다. 그리고 몇 차례 더 같은 방법으로 진행한다.

감정클리어 3단계: 오래된 감정은 소통하고 이해해주면 내려놓아 진다.

앞의 감정클리어 1단계, 2단계에서 감정이 다 해소가 되지 않았다면 마지막 3단계에서 감정과의 소통을 통해 감정을 위로하고 이해하는 작업을 진행한다. 그러면 더 쉽게 감정을 내려놓고 벗어날 수 있게 된다. 이때 자연의 소리나 잔잔한 음악을 들으며 따뜻한 분위기 속에서 감정을 바라보면 좋다.

생각은 도둑과 같고, 감정은 어린아이와 같다.

앞에서 생각클리어를 설명할 때 생각이 도둑과도 같다고 했는데, 감정은 어린아이와도 같다. 그래서 감정은 관심을 주어서 달래고, 보호하고, 안아주고, 따뜻한 사랑으로 바라보아주어야 한다. 그 아이가 이야기하는 것들을 귀를 열고 들어주어야 한다. 아마 처음부터 당신에게 많은 얘기를 하지는 않을 것이다. 말문이 열리기까지는 시간이 좀 걸릴 테니까. 그렇지만 그때까지는 계속 관심을 주며 "그동안 많이 힘들었지? 내가 곁에 있어 줄게" 말하며 토닥토닥 달래주고 꼭 안아도 주어야 한다.

이럴 때 애로사항이 발생할 수도 있다. 자신이 사랑으로 감정을 치유해 주어야 하는 데 자신이 가진 사랑의 느낌이 부족해 치유가 망설여지는 경우다. 보통 우울증을 오랜 기간 겪었거나 자존감이 많이 떨어져 있는 사람은 이 부분에서 곤란을 겪을 수도 있다. 그때는 평생 지극한 사랑을 실천하신 성모 마리아님, 테레사 수녀님, 김수환 추기경님 또는 자신을 가장 사랑해 주었던 사람을 떠올려보자. 그리고 자신이 그 사람이 되어 감정을 바라봐 주고 위로해주면 된다. 나는 어릴 때 이것저것을 잘 보살펴 주셨던 외할머니가 생각난다. 그 당시의 외할머니는 나만 보면 매번 웃으시고 내 편이 되어 주셨다. 그래서 외할

머니의 한없이 따뜻한 가슴을 떠올리면 그에 따라 사랑의 느낌이 조금씩 커져 가슴이 훈훈해졌다. 이처럼 사랑이 내 안에 없는 것이 아니니 그것을 끌어내어 사용해보자.

그리고 감정과 좀 친해지면 이렇게 질문해보자. “넌 무엇을 원하니?” “넌 지금 어떤 것이 필요하니?” “내가 어떻게 해주면 좋을까?” 그러면 감정이 “자신이 좋아하는 걸 하세요. 남들보다 나를 더 보살펴주세요.” 그리고 “내가 진짜 두려워하는 것은 사랑받지 못하는 내가 되어 버리는 거예요. 그러니 나를 사랑해주세요” 하고 말하는 것을 느낄 수도 있다. 그리고 그런 말을 들을 때 자신의 문제에 대한 해결 방법이 떠오르기도 한다. 그것이 ‘감정과의 소통’이다. 이런 과정을 통해 감정이 왜 찾아왔는지, 그 바탕에는 어떤 이유가 있는지, 자신에게 무엇을 원하는지 등을 파악해야 한다.

그리고 감정에 대해 이해하고 있어야 할 점에 대해 몇 가지 더 적어 본다. 첫째로 감정은 한 번에 치유되거나 내려놓아 지지 않는다. 남자친구나 남편 때문에 화가 났을 경우 말 한 번에 화가 풀리거나 용서가 되지 않는 것처럼 말이다. 사랑이 담긴 말과 진정성 있는 태도가 꾸준히 이루어질 때 서서히 풀리듯 감정도 그런 과정이 필요하다.

둘째로 감정을 좋은 면과 나쁜 면으로 나누면 안 된다. 감정에 긍정적인 것과 부정적인 것이 있는 것이 아니라, 감정은 그냥 몸의 어떤 느낌일 뿐이다. 사랑의 왓칭을 통해 어떤 감정과도 친구가 된다면 친구가 친구를 괴롭히지 않듯이, 감정도 우리를 힘들게 하지 않을 것이다.

셋째로 감정이 나오다 보면 여러 감정이 서로 겹쳐져 명확하게 구분하기가 어려울 때도 있다. 죄책감이 들면서 슬픔도 느껴지고 화가 나기도 하는 것이다. 이처럼 혼합된 감정으로 뭉쳐져 있을 때 어떻게 풀어야 할지 난감할 수도 있다. 하지만 그렇게 보일 뿐이지 방법은 있다. 우선 얘기를 하나 들어보자.

캐나다의 벌목공들은 도로보다는 강을 이용해 커다란 통나무를 하류의 제재소로 흘려보내기도 한다. 그러다 곧잘 통나무들이 서로 얽혀 막혀버리는데 이를 '로그잼(log jam)'이라 한다. 하지만 그럴 때도 벌목공들은 걱정하지 않는다. 중요한 위치를 막고 있는 통나무 하나만 건드려 주면 그 정체 현상이 말끔히 사라진다는 것을 알기 때문이다. 그들은 이 하나의 나무를 '킹핀(King Pin)'이라 부른다. 이런 것처럼 부정적인 감정도 가장 중요한 하나의 사건의 감정만 풀어주면 얽혀 있던 감정들이 자연스럽게 풀려나가는 것을 볼 수 있다.

넷째로 감정을 내려놓는다는 것은 행동이 아닌 상태를 뜻한다는 것을 이해해야 한다. 대부분 내려놓아야 한다고 할 때 행동을 통해서만 하려고 한다. 하지만 그것은 단어에서 오는 느낌일 뿐. 앞서도 우리가 감정에 관해 공부했지만, 감정이 제대로 놓아지려면 감정과의 완전한 소통이 먼저 일어나 서로가 이해되어야 한다. 그럴 때 자연스럽게 내려놓아 진다. 감정도 이유가 있어 존재하기 때문이다. 이처럼 소통과 이해의 완성이 내려놓기라 할 수 있다.

그런 이유로 내려놓기를 역설적으로 표현하면, 내려놓는다는 것은 내려놓을 것이 없음을 깨닫는 것이라 할 수도 있다. 그리고 내려놓아야 한다는 그 마음 자체를 먼저 내려놓는 것이다. 그것을 이해했다면 감정도 인간관계에서처럼 서로의 소통을 통해 해결된다는 점을 알 수 있다. 그럼 감정클리어 연습을 시작해보자. 여기서는 죄책감, 미움, 증오, 질투, 두려움, 불안에 관해 다루어 보겠다.

감정 클리어 3단계 연습: 죄책감

감정클리어 3단계 연습의 첫 번째로 죄책감을 고른 것은 그것을 꼭 치유해야 할 두 가지 이유가 있기 때문이다. 그 첫째는 죄책감이 성공이나 소망을 이루는 것에 걸림돌로 작용할 가능성이 크다는 점이다. 만약에 그것을 원하는 이유가 예를 들어 부모님에게 제대로 못한 죄책감에서 비롯된 것이라면, 더 큰 부담이 되어 성공에 집착할 가능성이 있다.

둘째는 누구나 죄책감을 가지고 있는데, 평소 이것에서 벗어나야겠다는 생각을 별로 하지 못한다는 점이다. '내가 잘못했으니 내가 벌을 받아야지'라고 스스로 믿어버리기 쉽다. 하지만 그것이 수많은 자책으로, 그리고 자존감의 하락으로 이어진다. 결국 내가 나쁜 사람, 능력이 없는 사람이 되어 버린다.

이런 죄책감을 다룰 때 오해하면 안 되는 점이 있다. 이것은 죄책감을 치유하기 위함이지, 죄를 없애려는 것은 아니다. 죄란 누구나 범할 수 있다고 본다. 하지만 과거는 지나갔고 그로 인해 따라온 죄책감으로까지 계속 괴로워할 필요는 없다. 스스로 반성을 하고 자신을 고치려는 자세로 현재를 충실히 살면 되지 않겠는가. 과거는 다시 바꿀 수 없겠지만, 과거로 인해 벌어진 죄책감의 상처는 치유할 수 있다. 그럼 노트를 펴고 시작해보자.

1. "나는 어떤 일로 죄책감을 느꼈는가?" 자신에게 질문해 최근이나 아니면 과거에 죄책감을 느꼈던 상황을 노트에 상세히 적어본다. 그리고 감정클리어 1단계를 실행해 꺼내지는 감정은 먼저 흘려버린다.

2. 감정클리어 2단계로 죄책감이 들었던 그때를 떠올려보며 지금 몸에 어떤 느낌이 느껴지는지 노트에 적고, 몸의 불편한 부분 쪽으로 직접 고개를 돌려 집중적으로 뚫어져라 3분 이상 바라보며 통증이 줄어드는지 본다. 이때 생각이 들면 생각클리어로 바로 흘려버리고, 오직 몸에 느껴지는 감정만

을 집중해 바라보아야 한다.

3. 감정클리어 3단계로 감정(죄책감)에 관심을 주어, 달래고, 보호하고, 안아주고, 따뜻한 사랑으로 바라보아 준다. "그동안 ~ 한 것 때문에 (죄로) 아주 괴로웠지? 이제는 내가 옆에 같이 있어 줄게, 그리고 도와줄게" 말하며 토닥토닥 달래주고 안아도 준다. 이때도 측은해 눈물이 난다면 마음껏 울어도 좋다. 또한 슬픈 음악을 들으며 감정을 바라보면 더 잘 느낄 수도 있다.

그런 후에 내가 죄책감을 가지게 된 것을 받아들여 주고 용서하는 과정을 진행한다. "이제 내가 자신을 용서해 주어도 될까? 내가 반성을 했다면 용서를 해주어도 될까?" 질문하며 그 감정이 전하는 이야기를 들어본다. 이때 영감이 떠올라 '이렇게 반성하고 이렇게 노력해주면 좋겠어, 이렇게 용서하는 과정을 거쳤으면 좋겠어'라는 생각이 들 수도 있다. 그렇다면 그것을 따라 해주어도 좋다.

용서란 큰마음으로 하는 것이다. 어떤 잘못도 용서될 수 있으니 자신과 타인을 모두 용서해보면 어떨까. 물론 처음에는 어려울 수도 있다. 그럴 때는 광대한 우주를 한번 떠올려보자. 누군가는 어디에 사느냐는 질문에 "우주에 삽니다!"라고 답했다고 한다. 우리는 지금 이 무한한 우주에 다함께 살고 있다. 작은 마음으로 서로 아웅다웅 다투는 것보다 우주의 큰마음으로 용서하는 것이 기분을 더 좋게 해줄 것이다. 우주의 광대한 영상을 보면서 큰마음으로 시도해보길 바란다.

4. 감정클리어를 통해 느껴지는 몸의 변화와 느낌을 노트에 적는다. 그리고 처음에 감정이 느껴지는 강도를 100이라고 하고, 감정클리어 3단계가 끝나고 나서의 변화된 감정의 강도를 100~0까지 중 해당 숫자로 기록한다. 그리고 1~2회 정도 더 같은 방법으로 진행한다.

감정 클리어 3단계 연습: 증오, 미움, 질투

이번은 증오에 대한 감정클리어 연습이다. 만약 자기 일이 갑자기 잘 안 풀리거나 막힌다면 먼저 주위 사람을 미워하고, 원망하고, 질투하고 있는 것은 아닌지 잘 살펴보아야 한다. 이런 마음은 자신도 모르게 생겨나고 그런 생각에 빠져들기도 쉽기에 항상 주의해야 한다.

타인으로 인해 서운한 생각이 드는 것으로부터 시작해 미워하고, 원망하며, 질투하고, 증오하다 보면 그것이 더 커져서 감정으로 발전해 몸에 불편한 부분이 생기게 된다. 만약 그렇게 되면 자신의 마음속을 스스로 지옥으로 만드는 것과 동시에 이것 또한 성공과 풍요를 가로막는 걸림돌이 될 수도 있다.

이제는 누군가가 밉다는 생각이 들면 '그런 상황이면 누구나

다 드는 생각일 뿐이야'라고 허용해 놓아주자. 결국 그런 생각을 내가 붙잡지만 않으면 된다. 예를 들어 질투심이 올라올 때 이건 내가 결정한 의견이 아니라, 상황에 따라서 생긴 단순한 '생각'이라는 것. 이것 하나만 눈치를 채도 그 생각을 놓기가 쉬워져 질투에 덜 휘말릴 수 있다. 그리고 그런 생각이 감정으로 커지기 전에 빨리 생각클리어를 한다. 하지만 예전에 상처가 되어 버린 감정은 이번 기회에 감정클리어로 꼭 풀어버리길 바란다.

1. "나는 누가(어떤 타입의 사람) 가장 미운가, 그리고 꼴 보기 싫은가?" 자신에게 질문하고 노트에 적어본다. 이때 스스로를 미워하는 사람도 있고, 어떤 현실에 대한 증오도 있을 수 있다. 어쨌든 자신이 증오하는 대상을 모두 떠올려보아야 한다. 괴롭더라도 직접 마주하지 않으면 그것에서 벗어날 수 없기 때문이다. 그리고 감정클리어 1단계를 실행해 꺼내지는 감정은 먼저 흘려버린다.

2. 감정클리어 2단계로 그 사람(상황)을 떠올려볼 때, 지금 몸에 어떤 느낌이 느껴지는지 노트에 적고, 몸의 불편한 부분 쪽으로 직접 고개를 돌려 집중적으로 뚫어져라 3분 이상 바라보며 통증이 줄어드는지 본다. 이때 생각이 들면 생각클리어로 바로 흘려버리고, 오직 몸에 느껴지는 감정만을 집중해 바라보아야 한다.

3. 감정클리어 3단계로 어린아이와도 같은 감정(증오)에 관심을 주어, 달래고, 보호하고, 안아주고, 따뜻한 사랑으로 바라보아준다. 치유의 밝은 빛을 비추어주며, "그동안 정말 아주 미웠지? 어떻게 하면 조금이라도 풀어지겠니?" 물어보고 그 감정이 원하는 대로 행동을 해준다. 예를 들어 욕을 하거나 비난을 하고 싶다고 하면, 노트에 그것을 나오는 대로 막 갈겨써서 찢어 버리거나 태워버려도 좋다. 우선은 그것을 꺼내어 밖으로 분출하는 것이 필요하다.

그럴 때 만약 증오의 감정이 강하다면 이렇게 해보자. 밖으로 나가 이어폰으로 경쾌한 음악을 들으며 걸어본다. 그리고 입을 양옆으로 길게 벌리고 힘을 모아 자신의 가슴속 분노와 증오를 길게 쓰으윽 하며 쉰 소리를 내어 토해낸다. 그렇게 하고 나면 가슴이 한결 시원해지며 감정을 흘려버리기가 더 쉬워진다. 방 안에서 하면 그 독이 방 안의 기운을 나쁘게 할 수도 있으니, 꼭 밖에서 운동 삼아 해야 한다.

미움이나 증오는 발생하게 된 이유가 있기에 그 원인을 찾아서 해소를 해주면 그 감정은 다시 나타나지 않을 가능성이 크다. 이때 감정과 소통하며 질문을 통해 그 이유를 찾아보아야 한다. "넌 그때 무엇이 정말 싫었니? 그리고 무엇이 너를 자극했니? 나의 밑바닥에 무엇이 있어 그 사람(상황)을 미워하게 되었는지 정말 알고 싶어. 지금 같이 찾아보아 줄 수 있겠니?" 이렇게 감정과 천천히 소통하며 그 원인을 찾아낸다. 그러면 영감이 떠오를 수도 있다.

이런 감정은 대부분 자신의 가장 취약한 부분이 건드려져서 그것을 방어하고자 일어난 경우가 많다. 예를 들어 자신의 가장 큰 약점을 자주 건드리는 사람이 증오의 대상이 될 수 있으며, 자신이 가장 무서워하는 부분을 위협하는 사람도 그렇다. 이번 기회를 통해 자신의 아킬레스건을 찾아보자. 그리고 그것을 마주하고 받아들이고 용서해보자. 이유가 없이 일어나는 일은 없다. 결국 그 이유가 밝혀져 이해가 시작하면 문제는 해결국면으로 접어든 것이다. 그것은 다른 사람을 통해 자신을 보게 되는 일일 수도 있다. 자신의 마음속 깊은 곳을 그로 인해 들여다보게 되는 것이다.

그것이 처음에는 정말 마주하기가 싫고 두려울 수도 있다. 그렇다면 큰 증오보다는 작은 미움부터 연습해보자. 특히 가족에 대한 증오가 있다면 그것은 시간을 두고 천천히 연습해야 한다.

이처럼 인간관계는 쉽지 않다. 하지만 이런 기회를 통해 결국 진정한 나의 모습을 보게 됨을 이해하고, 자기 자신을 온전히 받아들여 주자. 잘하고 못하는 것이 중요한 것이 아니라 그것 또한 나이기에, 하나밖에는 없는 소중한 나이기에 내가 존중하고 보호해주어야 한다. 한두 번에 다 끝내려 하지 말고 꾸준히 연습을 해보길 바란다.

4. 감정클리어를 통해 느껴지는 몸의 변화와 느낌을 노트에 적는다. 그리고 처음에 감정이 느껴지는 강도를 100이라고 하

고, 감정클리어 3단계가 끝나고 나서의 변화된 감정의 강도를 100~0까지 중 해당 숫자로 기록한다. 그리고 1~2회 정도 더 같은 방법으로 진행한다.

감정 클리어 3단계 연습 3. 두려움, 불안

이번에는 대부분의 사람이 가장 힘들어하는 두려움과 불안의 감정에 대해 연습해보자. 우선 두려움과 불안은 조금 다르다. 두려움은 어떤 특정된 대상이 무서운 상태이며, 불안은 언제 어떤 일이 자신을 덮칠지 몰라 조마조마한 상태이다. 시험으로 예를 들어본다면 두려움이란 시험을 치는 것이 무서워 시험만 생각하면 몸이 부들부들 떨리는 것이고, 불안이란 어떤 성적을 받고 어떤 일이 벌어질지 몰라서 안절부절못하는 것이다. 그럼 노트를 펼치고 연습을 시작해보자.

1. "나는 어떤 때 가장 불안했나(두려웠나)?" 자신에게 질문해 최근이나 아니면 과거에 크게 두려움(불안)을 느꼈던 상황을 노트에 상세히 적어본다. 그리고 감정클리어 1단계를 실행해 꺼내지는 감정은 먼저 흘려버린다.

2. 감정클리어 2단계로 두려움(불안)이 들었던 그때를 떠올려

보며 지금 몸에 어떤 느낌이 느껴지는지 노트에 적고, 몸의 불편한 부분 쪽으로 직접 고개를 돌려 집중적으로 뚫어져라 3분 이상 바라보며 통증이 줄어드는지 본다. 이때 생각이 들면 생각클리어로 바로 흘려버리고, 오직 몸에 느껴지는 감정만을 집중해 바라보아야 한다.

3. 감정클리어 3단계로 사랑으로 몸의 불편한 부분을 계속 바라보며 그때 느껴지는 감정과 대화를 시도해본다. 어린아이와도 같은 감정(불안, 두려움)에 관심을 주어, 달래고, 보호하고, 안아주고, 따뜻한 사랑으로 바라보아준다. "그동안 정말 많이 무서웠지? 이제는 내가 옆에 같이 있어줄게. 괜찮아. 힘을 내!" 말하며 토닥토닥 달래주고 안아도 준다. 그럴 때 측은해 눈물이 난다면 마음껏 울어도 좋다. 또한 자연의 소리나 조용한 음악을 들으며 감정을 바라보면 더 잘 느낄 수 있다.

그리고 두려움(불안)의 이유를 찾아 해소해주어야 한다. 이 과정이 중요하다. 이때 감정과 소통하며 질문을 통해 그 이유를 찾아보아야 한다. 위의 과정을 통해 감정과 조금은 친근해졌기에 "넌 무엇이 불안하니, 그리고 두렵니? 어떤 기억이, 어떤 사람이, 어떤 상황이, 어떤 결과가 제일 무서워? 그리고 그럴 경우 넌 내가 어떻게 해주기를 바라니?" 이렇게 감정과 천천히 소통하며 그 원인을 찾아낸다.

두려움과 불안은 대부분 과거의 안 좋은 기억과 당신이 쌓고 있는 어떤 관념에 근거해 오게 된다. 예컨대 살이 찌는 것이 두렵다면 행복은 외모와 몸무게가 결정하는 것이라는 관념을 가지고 있을 수 있으며, 시험의 경우는 떨어지면 자신이 인정받지 못하고 성공하지 못하게 될 것이라는 관념이 있을 수 있다. 그리고 대부분의 사람이 감정의 가장 밑에는 자신이 사랑 받지 못할 것 같다는 관념이 있다.

그렇다면 그 이유를 해소해주어야 한다. 감정에게 천천히 설명을 해주는 것이다. "행복은 외모(몸무게)와 상관이 없이 내면에서 오는 거야. 다들 그렇게 강조를 하니 네가 그렇게 알고 있었던 것뿐이지, 그것이 진실은 아니야. 행복은 내가 선택하고 결정할 수 있어. 우리 같이 행복에 대해 더 공부해 보자." 이런 식으로 설득하며 진정을 시켜준다. 그리고 자신도 오래된 관념들을 바꾸어야 한다. 이런 과정을 통해 두려움과 불안이 내 생각이 만들어 낸 가상의 것이라는 것을 이해하게 될 것이다. 이렇듯 정말 위험한 것은 불안과 두려움이 걱정하는 상황이 아니라, 자신의 생각인 것이다. 또한 모든 것은 내가 만들어 낸 것이기에 내가 다시 바꿀 수 있다.

4. 감정클리어를 통해 느껴지는 몸의 변화와 느낌을 노트에 적는다. 그리고 처음에 감정이 느껴지는 강도를 100이라고 하고, 감정클리어 3단계가 끝나고 나서의 변화된 감정의 강도를 100~0까지 중 해당 숫자로 기록한다. 그리고 1~2회 정도 더 같은 방법으로 진행한다.

이제까지 부정적인 감정 중 5가지의 대표적인 감정에 관해 감정클리어를 적용해보았다. 그와 같은 과정으로 자신의 몸에 숨겨진 감정을 찾아 치유해 흘려버리면 된다. 그리고 현재 감정이 발생해 몸에서 불편한 것이 느껴진다면, 또다시 피하거나 도망가지 말고 바로 감정클리어를 해 더 큰 감정이 되어 몸속으로 숨어버리지 않게 해주어야 한다.

마지막으로 정리하면, 감정클리어는 이것만 명심하자. 부정적인 감정을 용기를 갖고 먼저 꺼내어 바라보면 줄어든다. 그다음 직접 몸의 그 부분을 바라보면 더 줄어든다. 그리고 마지막으로 감정을 바라보고 소통하면 더욱더 줄어든다. 그럼 감정클리어로 감정 치유에 모두 성공하길 진심으로 바란다.

부정적인 감정에 사랑의 말로 위로하는 법

부정적인 감정에 대해 위로를 해 본 적이 없는 사람들은 어떻게 위로의 말을 전해줘야 할지 잘 모를 수도 있다. 뒷장의 부정적인 감정의 대표적인 감정인 불안, 분노(화), 슬픔, 죄책감을 위로하는 글을 적어보았으니 감정클리어 연습에 활용해보면 좋겠다. 그리고 위로의 말은 그때그때 상황에 맞추어 스스로 만들어 사용해도 좋다. 그럴 때 진심으로 하는 말이면 된다. 진심이 전해지는 것보다 더 큰 위로는 없기 때문이다.

불안한 감정을 위로하고 이해해주기

그래, (　　)이 겁나서 피하고 싶었지? 이해해. 그럴 수 있어. 다른 사람들도 속으로는 아마 그럴 거야. 네가 겁을 내는 것은 당연하니 너무 속상해하지는 마. 나는 널 이해해. 도와줄게. 불안해서 힘들지? 지금 불안할 수 있어. 그렇지만 불안한 것이 네 탓이 아니야. 걱정 마. 어쩔 수 없이 불안을 느낀 거야. 조금 시간이 지나면 좀 가라앉을 거야. 그래, 지금 잘 견디고 있어. 불안은 그냥 생각이 추측해서 만들어 낸 거야. 조금 있으면 안정될 거야. 지금, 잘 참고 있는 네가 자랑스러워. 불안은 영원할 수 없어. 세상 어떤 것도 영원할 수 없듯이 말이야. 결국 안정된 원래의 상태로 돌아가게 될 거야. 사랑해.

분노한 감정을 위로하고 이해해주기

(　　) 때문에 화가 많이 났구나. 힘들지? 지금 (　　) 때문에 화가 나는 것은 네 잘못이 아니야. 그러니 너를 자책하지는 마. 그리고 지금 화를 내도 돼. 속으로 소리를 지르고 싶으면 질러도 돼. 너의 화를 달래주고 풀어주고 싶어. 화는 자연스러운 것이니 네가 화가 나는 것은 당연해. 괜찮아. 그리고 화는 영원한 것은 아니야. 곧 안정된 상태로 돌아가게 될 거야. 사랑해.

슬픈 감정을 위로하고 이해해주기

그래, (　　) 때문에 아주 슬펐지? 이해해. 그럴 수 있어. 모두 다 그런 일을 당하면 아마 너처럼 그랬을 거야. 슬퍼하는 것은 당연하니 너만 그렇다고 속상해하지는 마. 나는 널 이해해. 도와줄게. 같이 있어 줄게. 슬픈 것이 네 탓은 아니야. 어쩔 수 없이 그렇게 된 거야. 이제 조금 시간이 지나면 가라앉을 거야. 그래 지금 잘 견디고 있어. 조금 있으면 안정될 거야. 굳세게 잘 견디고 있는 네가 자랑스러워. 슬픔은 영원할 수 없어. 세상 어떤 것도 영원할 수 없듯이 말이야. 결국 원래의 안정된 상태로 돌아가게 될 거야. 힘을 내. 너의 곁을 같이 지켜줄게. 사랑해.

죄책감을 위로하고 이해해주기

(　　) 때문에 네가 잘못했다고 아주 속상하구나. 힘들지. 지금 (　　) 때문에 죄책감이 드는 것은 네 잘못이 아니야. 그러니 너를 자꾸 자책하지는 마. 그래도 계속 잘못했다는 생각이 들면 '실수할 수도 있지' 생각하고 너를 풀어줘. 네가 너를 용서해 주지 않으면 누가 용서해 주겠니? 그러니 괜찮아. 그리고 네가 잘못한 것을 느꼈으니 다음부터 잘하면 돼. 사랑해.

우울함과 무기력에 대해 꼭 알아 두어야 할 점

최근 우울함이나 무기력 때문에 힘든 사람들이 많아 팁을 전하니 조금이라도 도움이 되었으면 하는 바람이다. 우울로 힘든 사람들의 치유를 돕는 과정을 통해 알게 된 것들이다.

우울하다는 것은 대부분 자신이 생각이라는 깊은 우물 속에 빠져 있는 상태와도 같다. 하지만 그럴 때 자신이 생각에 빠져 있다는 사실을 모른다. 왜냐하면 생각이 말하는 문제를 빨리 해결하려고만 애쓰기 때문이다. 주로 자신이 중요하다고 생각했던 일에서의 실패나 연인이나 인간관계에서의 상실감 등이 있을 경우 그런 문제를 해결하려고 든다. 하지만 문제가 해결되기는커녕 더 깊은 수렁 속으로 빠져든다. 그런 생각이 부정적인 감정으로 커져 우물 속으로 더 깊게 들어가게 하는 것이다. 게다가 부정적인 생각과 감정에 자신의 에너지를 계속 빼앗겨 그런 끝에 손가락 하나도 까닥하기 힘든 무기력한 상태가 되기도 한다.

이처럼 우울로 고생하는 사람들의 말을 들어보면, 자신이 깊은 우물에 빠져 까치발을 들고 안간힘을 다해 버티고 있는데, 물이 점점 차오르고 숨이 잘 쉬어지지 않아 금세라도 죽을 것 같다고 한다. 그럴 때 몸이 춥고 떨리며 아무도 자신의 곁에 없는 것 같아 더 극심한 공포감을 느끼게도 되는 것이다.

그렇다면 이럴 때 어떻게 해결해야 할까? 먼저 자신이 생각의 우물에 빠져 있다는 사실을 이해한 후, 그것에서 나오겠다고 결심해야 한다. 강한 의지를 가져야 한다. 그다음 생각클리어를 통해 생각을 잠시 사라지게 한 후, 그 우물에 있는 자신의 이미지(생각)에서 걸어 나와 그 우물과 자신을 완전히 분리해 버리면 된다. 그리고 자신이 생각에 빠졌다고 느끼는 순간마다, 위의 과정을 반복해 우울에서 빠져나와야 한다.

이때 먼저 알고 있어야 할 것이 있다. 이런 과정에서 생각이 자신을 방해할 수는 없다는 점이다. 어떤 생각도 모두 자신이 선택하는 것이기 때문이다. 생각은 당신의 허락 없이는 아무 일도 할 수 없다는 뜻이다. 오직 당신 자신만이 생각을 붙잡을 수도, 놓을 수도 있다. 당신이 이제 그 권한을 행사하기만 하면 되는 것이다.

그러나 이런 사실을 알았지만, 그곳에서 나오기 어려운 경우도 있다. 그런 때는 너무 무기력해서 힘이 거의 없거나, 생각의 우물 속에 너무 오랫동안 있다 보니 오히려 밖이 더 위험하다고 여겨지는 경우다. 이럴 때는 부정적인 생각으로 인한 마음의 감정적인 상처가 심한 경우이니 감정클리어를 꼭 해주어야 한다. 만약 혼자서 하기가 어렵다면 주위 사람에게 도움을 청해야 한다. 도와줄 사람이 생각클리어와 감정클리어를 먼저 알고 나고, 곁에서 같이 하나씩 도와주면 좀 더 쉽게 빠져나올 수 있다.

위의 과정을 통해 알았겠지만, 우울감이 느껴진다면 거기서 그 문제를 해결하려 하지 말고, 무조건 생각과 감정의 우물에서 나와 자신이 안정된 가운데 해결책을 찾아야 한다. 우선은 우울함과 무기력에서 빠져나오는 것이 급선무이다. 그리고 이런 과정을 통해 우울함이나 행복함도 모두 내가 선택할 수 있다는 사실을 깨닫게 되면, 우울함이나 무기력에서 좀 더 자유로워질 것이다.

영화 〈와일드〉에서의 감정 치유 방법

영화 〈와일드〉는 셰릴 스트레이드가 직접 겪은 얘기를 소설로 쓰고 그것을 다시 영화화한 것이다. 영화배우 리즈 위더스푼이 비행기에서 그 책을 읽고 직접 주연과 영화 제작에 나섰다는 일화로도 유명하다. 이 영화는 이 책에서 소개하는 것과 비슷한 감정 치유 방법들이 나와 매우 유심히 본 기억이 있다. 그 방법을 이 영화에서는 어떻게 활용했는지 지켜보면 더 재미있는 감상 기회가 될 것이다.

주인공인 셰릴 스트레이드는 여자의 몸으로 멕시코 국경에서 캐나다의 국경을 잇는 4,286km의 PCT(퍼시픽 크레스트 트레인) 코스를 완주한다. 그것은 그녀가 2분마다 한 번씩 포기하고 싶다고 말할 정도로

힘들고 고통스러운 여정이었다. 그녀는 발에 물집이 터지고 발톱이 빠지며 온몸에 성한 곳이 없이 지루한 길을 걷고 또 걷는다. 그러면서 그때 그녀는 무엇과 마주하게 되었을까?

인생의 밑바닥까지 내려온 자신의 삶을 다시 보게 된다. 술만 마시면 주먹을 휘두르던 아버지, 가장 사랑했던 어머니의 죽음, 마약과 무분별한 섹스 그리고 사랑하는 사람과의 이혼까지…. 그리고 지금은 무일푼 신세. 혼자 걸으며 그렇게 자책과 원망으로 얼룩진 생각과 상처투성이가 된 감정을 보게 된 것이다.

우리는 대부분 자신의 마음과 쉽게 마주하지 못한다. 그것을 애써 외면하고 바쁜 척 살아간다. 가슴 한쪽이 무거워지면 바로 다른 곳으로 그 주의를 돌려버리는 것이다. 영화 속 주인공도 평상시에 회피하던 생각과 감정을 이 여정을 통해 맞닥뜨리게 된다. 걷는 동안 할 것이 그것밖에는 없었기 때문이다. 더 이상 도망갈 곳이 없었던 것이다.

영화의 주인공이 예전을 떠올리며 가장 크게 힘들었던 것은 항상 웃음을 잃지 않고 자신을 지켜주었던 어머니의 죽음에 대한 상실감이었다. 그리고 아버지에 대한 분노, 결국 그 분노가 터져 나오며 자신의 신발을 멀리 던지며 소리친다.

"왜 나한테만 그런 거야?"

이렇듯 감추어 두었던 분노를 터뜨려 버리는 것도 좋다. 울어버리고 싶으면 마음껏 울어도 좋다. 괴로웠던 일들과 화해하며 상처 난 감정을 토닥토닥 위로해 그 앙금을 털어내면 된다. 그러면 자신을 좀 더 사랑하며 인생을 새롭게 출발할 수 있는 계기가 되기도 한다.

영화 내내 주인공은 아름다운 대자연 속을 홀로 걸으며 기운을 회복해 나간다. 그 화면을 보는 사람의 마음도 즐거워지는데, 실제로 그 아름다운 대자연 속에 있는 사람의 마음이야 더할 나위가 있으랴. 이처럼 자연은 우리를 좋은 에너지 속으로 이끈다. 대자연의 큰 품에 안기는 순간 작고 큰 인생의 고민이 녹아버리는 것이다. 당신도 또한 이렇게 길고 험한 길이 아니더라도 제주도의 올레길이나 지리산 둘레길, 아니면 어떤 길이라도 혼자서 걸으며 자신의 아픈 상처를 치유하는 시간이 꼭 필요할지도 모른다. 그럴 때 길이 그 답을 말해주기도 하기 때문이다.

영화의 마지막에 작은 사건이 하나 일어난다. 어떤 아이가 우연히 나타나 아름다운 노래를 한 곡 들려주고 가버리는 것이다. 어쩌면 그것이 하나의 메시지였으리라. 그 일로 인해 그녀는 가슴속에 남아 있던 마지막 울음마저 터지며 자신을 가장 힘들게 했던 아버지를, 그리고 마지막엔 드디어 자신을 스스로 용서하게 된다. 그때 이런 대사가 흐른다.

"문제는 영원히 문제로 남지는 않아!"

이처럼 신비하게도 우리에게 꼭 필요한 일은 꼭 필요한 때에 일어나게 되는 법이다.

주인공인 셰릴의 어머니가 어릴 적부터 그녀에게 항상 들려주던 말이 있었다.

"너에게 한 가지 가르쳐 주고 싶은 것 있어, 그건 항상 네가 가장 빛나는 사람으로 살게 해주는 거란다."

그녀는 긴 여행을 통해 어머니의 말처럼 '가장 빛나는 사람'으로 다시 돌아갈 준비를 한다.

꽃을 보자.
이제까지 보던
그런 꽃이 아니라,
지금의 꽃을 보자.

이 꽃도 처음이고
나도 처음이고
지금도 처음이다.

세상을 바꾸는 아이디어는 이것을 통해온다

1990년의 어느 주말, 남자친구와 나는 맨체스터로 이사를 가기 위해 그곳에서 아파트를 구했다. 그리고 다시 런던의 집으로 돌아오는 붐비는 열차 안이었다. 그 순간 머릿속에 문득 '해리포터'의 아이디어가 떠올랐다. 그런데 안타깝게도 그때 나에게는 펜이 없었다. 그러나 오히려 그것이 영감에만 집중할 기회를 만들어 주었다. 4시간 가까이 검은 머리의 안경을 낀 작달막한 소년의 이야기가 구체화 되어 머릿속에서 파란만장하게 펼쳐졌던 것이다. 바로 그날 저녁 조앤 K. 롤링은《해리포터와 마법사의 돌》을 쓰기 시작한다. 이것이 67개 언어로 번역되어 전 세계에 4억 5천만 부 이상 팔리고, 영화로도 만들어져 우리 돈으로 7조원 이상을 벌어들인 '해리포터 시리즈'가 탄생하게 된 이야기이다.

반면에 우리가 아이디어를 구할 때는 어떤가. 머리를 쥐어짜서 만들어 낸 것이 그 나물에 그 밥, 거기서 거기가 아니었던가. 해리포터 정도는 아니더라도 스스로 만족할만한 아이디어를 얻기는 그리 쉽지 않았다. 그렇다고 우리에게 능력이 없는 것은 아니다. 그 방법을 모르기 때문이다. 영감을 얻는 방법 말이다. 창의적인 아이디어가 필요하거나 인생의 중요한 문제를 풀려고 할 때 우리는 그저 그런 생각들 속에서 그만 지쳐 포기하고 만다. 앞서도 몇 번 강조했지만 우리들이 매번 하는 생각들 속에는 답이 없다. 게다가 살아서 펄떡펄떡 뛰는 신선한 아이디어를 뽑아내기란 더더욱 불가능하다. 그럼 해리포터와 같은 '번뜩이는 영감'을 얻으려면 어떻게 해야 할까?

나는 평생에 걸쳐서라도 꼭 답을 알고 싶은, 간절한 무엇이 있었다. 그것은 소망을 이루는 법칙이다. 세상에 문제가 있다면 그 어디엔가는 그에 대한 답도 존재할 것이라 믿었다. 그 답을 찾기 위해 성공한 사람들의 책들, 각종 자기계발서, 마음을 다루는 영성 책들 그리고 사주나 관상 같은 동양철학서 등도 탐구했지만, 어디에도 그 답을 명쾌하게 그리고 단순하게 설명한 것을 보지 못했다. 결국 이 문제에 스스로 도전할 수밖에 없었다.

그 당시 나 자신이 풍족하고 조그마한 성공이라도 하고 있었다면 그런 생각도 들지 않았을 것이다. 하지만 인생의 맨 밑바닥 끝까지 내려오다 보니 오기가 발동했다. 비참한 실패자로 끝내고 싶지 않았다. 아무것도 가진 것이 없더라도 의지만 있다면, 누구나 성공할 수 있는지를 알고 싶었다. 만약 그런 방법이 있다면, 그것을 통해 나와 같이 힘든 사람들을 도와주고 싶었다. 하지만 그 원리를 깨닫고 이 글을 쓰

킹쇼(감정) 키쇼(생각)

《왓칭 마음 여행》 책 속의 감정 공장

기까지는 꽤 오랜 시간이 걸렸다. 그 결과를 이 책의 제일 뒤의 소망이 이루어지는 근본 원리에서 밝히고, 다음번 책 〈왓처 2 : 소망이루기 편〉에서 그 나머지 모든 것을 공개할 예정이다. 그렇다면 내가 영감을 얻게 된 방법은 무엇이었을까?

가장 처음으로 내가 쓴 책이 어린이, 청소년들과 왓칭 초보자들을 위한《왓칭 마음 여행》이다. 그 책은 동화 형식의 책이기에 스토리가 막히면 며칠씩 단 한 줄도 쓸 수가 없었다. 그때는 책을 써 본 경험이 전혀 없는 데다 어떤 글쓰기 노하우도 없었다. 그렇게 답답한 가운데 글이 안 풀릴 때마다 영감을 얻게 해준 것은 바로 '왓처명상'이었다.

그러면 놀랍게도 영감이 바로바로 찾아왔다. 명상으로 완전한 몰입을 한 것도 아니었는데 왓처명상을 잠깐이라도 하고 나면 책이 술술 써졌다. 그런 방법으로 그 책을 완성할 수 있었다. 그리고 몇 달 후에 나온 디즈니 애니메이션 〈인사이드 아웃〉을 보고 깜짝 놀랐다. 뉴욕타임스도 기발한 아이디어라고 극찬한 그 영화 속 내용이《왓칭 마음 여행》의 아이디어와 흡사했기 때문이다. 둘 다 마음 안에서 움직이는 감정을 캐릭터로 만들어 그것으로 이야기를 전개하고 있었다.

지금도 이 책을 쓰면서 생각클리어와 왓처명상을 통해 영감을 얻어 글을 이어 나가고 있다. 글이 안 써지면 대부분 생각이 많아진 경우다. 그리고 글이 꼬이면 머릿속도 똑같이 꼬여버려 난감해진다. 그때는 간단하게는 생각클리어를, 그리고 길게는 왓처명상을 해서 생각을 비우면 다시 글이 써지는 경우가 많았다. 이 책의 대부분의 내용과 아이디어들이 그런 과정을 통해서 나왔다. 그리고 지금 내 삶의 거의 모든 문제의 답을 왓처명상을 통해 얻어가고 있다. 예전처럼 생각을 쥐어짜는 고통스러운 시간은 더 이상 필요 없게 되었다. 생각클리어와 왓처명상이 지혜를 얻는 가장 훌륭한 도구가 되어준 것이다. 이처럼 모든 답은 자신의 내면에 있다.

노벨문학상 수상자이자 20세기 지성 중 한 사람인 영국 철학자 버트런드 러셀이 이런 말을 했다.

"모든 이의 내면에 속박된 예술가가 있다. 그가 사방에 기쁨을 흩뿌릴 수 있도록 풀어주자."

전적으로 이 말에 동감한다. 우리의 내면에는 무한한 상상력과 무언가를 실현할 수 있게 해줄 아이디어가 무수히 존재한다. 누구나 그것에 초점을 맞추기만 한다면 그 답을 아주 수월하게 얻을 수 있다. 누구나 자신을 삶을 창조하는 예술가가 될 수 있다.

이처럼 영감과 직감을 통해 답을 얻는 방법을 익히면 세상을 사는 것이 한결 쉬워지고 아주 여유로워진다. 항상 나 자신이 모든 문제를 해결해야 한다는 부담감에서 탈출할 수 있기 때문이다. 또한 문제에서 떨어져 그것을 바라보면, 높은 곳에서 그 문제를 조망하는 여유로움도 느낄 수 있다. 이처럼 많은 것을 왓처에게 맡기고 편하게 살면서도 이룰 것은 모두 이루는 것이 지혜로운 삶이 아닐까.

영감은 어떤 방식으로 오는가

아이디어를 찾으려 할수록 아이디어는 오지 않는다. 영감을 찾으려 할수록 영감은 오지 않는다. 그저 잡생각만 머릿속을 빙빙 돌 뿐이다. 영감을 떠올리고자 할 때 가장 중요한 것은 먼저 머리를 비우는 것이다. 머릿속에 잡생각이 많으면 영감이 들어올 수 있는 공간이 없기 때문이다. 그다음 완전히 느슨하게 풀어진 이완 상태를 유지한다. 기분이 좋은 상태라면 더 좋다. 그런 후에 왓처에게 묻고 또 물어라. 답을 줄 때까지 끈질기게 물어야 한다.

매번 자신이 다 하려고 하면 늘 하던 생각들로만 머릿속이 채워질 뿐이다. 그러지 말고 문제를 왓처에게 모두 내맡기고 자신은 편안하게 기다린다는 마음 자세를 가진다. 그러면 어느 순간 문득 영감이 찾아온다. 절대로 생각을 쥐어 짠 끝에 오는 것이 아니라, 생각에 집중하지 않은 상태에서 온다는 것을 기억하자.《왓칭 마음 여행》을 쓸 때 이렇게 농담처럼 말하고 잠든 적이 많았다.

"더는 모르겠어! 난 잘 테니 왓처, 네가 알아서 답을 줘."

그러고 나면 다음 날 아침에 문득 막혀 있던 스토리가 풀리는 힌트가 오곤 했다. 그런 경험들에 비추어 영감은 주로 어떤 때에 오게 되는지 정리해 보았다.

첫째, 잠에서 깨어나 약간 몽롱한 순간에 떠오르는 첫 번째나 그다음 생각이 답인 경우가 많았다. 어떤 문제의 답을 얻고 싶다면 왓처에게 질문하고 잠들자. 그리고 그다음날 기상 후를 주목해야 한다. 물론 평상시에 생각클리어과 왓처명상으로 평온한 마음을 유지하고 있느냐가 영향을 미친다.

둘째, 잠들기 전 편안한 가운데 온다. 이때 생각이 많으면 불면증이 될 수도 있다. 영감은 그렇게 생각이 많을 때 오는 것이 아니라, 잠들기 직전 약간 의식이 희미해지는 순간에 온다. 그래서 항상 메모하는 습관을 들여놓아야 한다.

셋째, 샤워나 목욕을 하며 몸이 이완되었을 때 왔다. 하루에 한 번씩은 샤워하는데 그때 영감이 오는 경우가 많았다. 샤워기에서 뿜어져 나오는 물줄기를 바라보며 영감이 나에게 쏟아져 들어오고 있다고 느껴보자. 그때가 마음이 편안하고 기분 좋을 때 중의 하나이기에 영감이 올 확률도 그만큼 높아진다. 그리고 화장실에서 편안하게 앉아 있을 때도 영감이 온다. 또한 생각 없이 칫솔질에 열중하고 있을 때도 갑자기 영감이 찾아온 적이 있다.

넷째, 왓처명상 후에 영감이 바로 찾아오는 경우다. 앞서 말한 대로 책을 쓰기 전에는 꼭 왓처명상을 했는데 그때 '책을 이렇게 한번 써 볼까?' 하는 아이디어가 떠오른 적이 많았다. 이때 주의할 점은 왓처명상에 들어갔을 때는 생각이 끊어진 고요한 상태를 계속 유지해야 한다는 점이다. 명상 중에는 그 문제를 물어보지 말고, 완전히 고요한 상태를 유지해 모든 것을 열어 놓은 채 그 문제에서 오히려 벗어나는 것이 포인트다. 문제를 물어보는 것은 왓처명상 전에 하고 시작하면 된다.

다섯째, 산에 가서 왓처명상을 한 후에 산을 터벅터벅 내려올 때쯤 왔다. 산이든 강이든 대자연의 좋은 에너지 속에 있을 때 영감이 올 확률도 올라간다.

여섯째, 산책하며 걷는 순간에 왔다. 걷는 순간에는 생각에서 벗어나 다리나 발의 움직임에 주목하며 걷는다. 가벼운 음악을 들으며 기분 좋게 걸으면 영감이 오곤 한다. 이처럼 산책을 하면서 영감을 받은 사람들은 많이 있었다.

관념철학의 아버지라 불리는 칸트는 항상 똑같은 시각에 산책했다는 일화로 유명하다. 그 시간은 그에게 연구의 영감을 받는 시간이었다. 아인슈타인도 연구소 근처를 맨발로 산책하곤 했는데 상대성 이론을 그때 생각해냈다는 일화도 있다. 그리고 니체는 산책을 이렇게 칭송하기도 했다.

"심오한 영감, 그 모든 것을 길 위에서 떠올렸다."

루소 또한 산책을 즐기며 그것에 대해 이렇게 말했다.

"나는 걸으면서 명상에 잠길 수 있다. 나의 마음은 나의 다리와 함께 작동한다."

또한 다산 정약용도 유배지를 걸으면서 목민(牧民)을 고민했다. 이처럼 산책을 하는 중에는 영감을 쉽게 얻을 수 있다. 그것은 걷는 동작, 즉 몸의 움직임으로 의식이 가서 머리로 가는 잡생각이 많이 사라지게 되기 때문이다. 따라서 영감을 받을 확률도 높아지게 된다.

일곱째, 주위 사람들을 통해서 온다. 전화로 통화하는 중이나 만나서 대화하는 중에 상대방이 우연히 던진 말이 힌트가 되는 경우가 있다. 대화 중에 자기 생각에만 빠져 있다면 상대방의 말이 귀에 들어오지 않는다. 그러므로 항상 자신의 생각과 거리를 두고 바라보는 왓칭이 필요하다.

여덟째, 책이나 그림, 음악, 연극, 영화 등 훌륭한 예술작품을 대할 때 왔다. 도서관이나 서점에 가서 책을 보거나 미술관에 가거나 전시회, 공연, 영화 등 감동을 주는 작품들을 가슴으로 느낄 때 영감이 오는 경우가 많았다.

이처럼 영감이 오게 하는 포인트는 자연스럽게 마음이 편해지는 순간을 자주 만드는 데에 있다. 생각 속에 빠져있다면 영감에서도 그만큼 멀어지게 된다는 것을 깨달아야 한다. 그리고 항상 '문득'을 기억하자. 영감은 예고 없이 '문득' 오게 된다.

자신이 좋아하는 길을 가야만 하는 이유

"자신이 좋아하는 일을 하며 평생 살 수는 없을까?"

이렇게 묻자 바로 생각이 말했다.

'좋아하는 일은 무슨… 돈 버는 게 최고지!'

당신도 여기에 동의하는가? 그렇다면 돈이야 좀 벌겠지만 인생의 진짜 행복은 찾지도 못하고 쓸쓸히 인생을 끝낼지도 모른다. 자신이 가슴 뛰는 일을 하라. 자, 여기까지는 어느 책에서나 하는 말이다. 지금부터는 그것이 진실로 정확한 해답인지 가슴으로 직접 느껴보는 시간을 가져보자. 그 길까지 가는 방법을 모르겠다면 '왓처'에게 물어보자. 그리고 왜 자신이 좋아하는 일을 해야 하는지 미국의 유명한 영화배우이자 코미디언인 짐 캐리가 마하리시 대학 졸업식에서 연설한 것을 들어보자.

저의 아버지는 정말 훌륭한 코미디언이 될 수도 있었습니다. 그러나 그것이 자신에게 가능하다는 것을 믿지 않았어요. 그래서 그는 더욱 보수적인 선택을 하기로 합니다. 코미디언 대신 회계사라는 안전한 직업을 가진 거지요.

제가 12살이 됐을 때 그는 그 안전한 직업에서 나와야 했습니다. 그때부터 우리 가족은 살아남기 위해서 무엇이든지 닥치는 대로 해야 했어요. 그때 저는 아버지로부터 여러 훌륭한 교훈들을 얻었습니다. 그중 중요한 것은 '하고 싶지 않은 것을 하면서도 실패할 수 있다. 이왕이면 정말 좋아하는 일에 도전해보는 편이 나을 수도 있다'는 겁니다. 제가 아버지로부터 배운 것은 그것이 전부가 아니었어요. 저는 아버지의 사랑과 유머의 힘을 목격했고, 그것이 제 주변 세상을 변화시키는 것을 경험했어요. 그때 깨달았죠.

'바로 저거야! 저거야말로 내가 시간을 쏟을 가치가 있는 일이야!'

곧바로 나는 실행에 옮겼고 우리 집에 들어선 손님들은 온몸을 던져 긴

계단을 굴러 내려온 7살 꼬마와 마주치게 되었죠. 그들은 놀라며 말했어요.

"방금 뭐였지?"

그러면 저는 대답했죠.

"글쎄요. 느린 화면으로 다시 확인해 볼까요?"

그럼 저는 빨리 계단 꼭대기로 올라간 후 다시 굴러 내려옵니다. 슬로우 모션으로요. 아주 이상한 집안이었어요(청중들 웃음).

아버지는 제가 넝쿨째 굴러들어온 복덩어리라고 자랑하셨죠. 제가 28살 무렵, 코미디언 경력을 10년이나 쌓은 후에야 저는 깨달았습니다. LA에서의 어느 날 밤이었죠. 제 인생의 목적이 '사람들을 걱정으로부터 해방시키는 것'이었음을 말이죠. 이 사실을 깨달은 순간 저의 새로운 신앙을 '걱정해방교!(The Church of Freedom From Concerns!)라고 명명했습니다. 그리고 제 자신을 그 성직에 헌신했습니다.

"여러분의 성직은 무엇입니까?"

"어떻게 세상에 기여하실 건가요?"

"세상에 필요한 것을 채워줄 수 있는 여러분만의 재능은 무엇입니까?"

그것만 알아내시면 돼요. 여러분들이 경험하실 일들을 먼저 경험해본 사람으로서 말씀드릴 수 있어요. '여러분들이 타인들에게 미치는 영향'은 가장 가치 높은 화폐입니다. 세상에서요. 왜냐하면 삶 속에서 얻는 모든 것들은 썩고 허물어지고, 여러분이 유일하게 남기는 흔적은 여러분의 가슴 속 그것이기 때문입니다.

대학을 졸업한 후에 나는 돈을 벌기 위해 증권회사에 입사했다. 그 당시는 증권회사의 연봉이 타 회사보다도 높았고 남들에게도 번듯하게 보였다. 그렇지만 그때 나는 광고나 마케팅 분야의 일을 하고 싶었다. 하지만 광고회사 최종 면접에서 떨어지며 증권회사로 갈 수밖에 없었다. 그 후 증권회사에서 큰돈을 벌게 되었지만 행복과는 거리가 멀었다. 한시도 마음이 편하지 못했고 모든 것들이 바로 무너질까 너무나 불안했다. 정말 지옥과 다름없었다. 결국 그곳에서 추락한 후에야 내 마음을 다시 보게 되었다.

그러나 그것도 잠시, 나는 다시 재기하겠다고 몸부림을 쳤다. 하지만 현실은 뜻대로 움직여주지 않았다. 큰 뜻을 품고 시작한 사업이 실패한 것이다. 그런 후에도 돈을 벌기 위해 여러 일을 전전했다. 그러다가 하와이로 가게 되었다. 영화 〈친구〉에서 "니가 가라, 하와이"라는 대사가 떠오르지만, 그것처럼 하와이에 놀러 간 것은 아니었다. 그때는 자존심 때문에 친구들과 주위 사람들에게는 말하지 못했지만, 지금 그때의 상황을 고백해본다.

어느 날 당시 미국에 계셨던 외삼촌으로부터 국제전화가 걸려왔다.

"서울에서 별로 하는 일 없으면 하와이로 와라."

"왜, 삼촌, 무슨 일인데? 비행기 표 살 돈도 없어."

"비행기 표는 보내줄 테니, 이곳에 와서 나를 좀 도와주면 돈 벌 수 있어."

"어떤 일인데?"

"호텔 청소 용역인데, 하와이에 와서 매니저를 하면 돼. 어려운 일은 아니야. 그냥 감독만 하면 되는 거야."

그렇게 해서 멀리 하와이의 마우이 섬으로 날아가게 되었다. 그 당시에는 가보고 괜찮으면 미국에서 아예 정착할 생각도 했었다. 하지만 그곳에 가서 보니 매니저라는 외삼촌의 말과 달리 멕시칸들의 보조로 호텔 주방과 화장실 등을 청소하는 일이었다. 보통 밤 11시부터 새벽 4시까지 일했다. 난생 처음 해보는 청소 일이라 쉽지 않았다. 게다가 멕시칸들과는 말도 통하지 않아 더 힘들었다. 그들과는 간단한 영어로도 소통이 어려웠다.

새벽까지 힘들게 일하고 집에 들어가면 너무 피곤해 씻지도 못하고 그대로 잠으로 떨어진 적이 많았다. 하지만 낮에는 아름다운 하와이 해변의 시원한 파도 소리를 들으며 좋아하는 책을 볼 수 있었다. 낮에는 가는 시간이 아까운 천국이요, 밤에는 시간이 너무도 긴 지옥이었다. 하기 싫은 일을 하며 한 번뿐인 인생을 이런 식으로 보내면 안 되겠다는 생각이 들었다. 그리고 그때 사정은 잘 알 수 없었지만, 호텔에서 외삼촌과의 계약을 해지한다고 했다. 이래저래 두 달이 안 되어 다시 한국으로 돌아왔다. 한국에 와서도 편의점의 야간 아르바이트나 식당의 청소 일밖에는 할 일이 없었다. 그러던 어느 날 고민 끝에 나로서는 중대한 결정을 했다.

'지금부터는 돈을 좇지 않고 나의 길을 가겠다!'

그 결정에 따라 왓칭을 통해 얻은 지식과 지혜를 마음이 힘든 사람들과 나눌 수 있는 길을 가겠다고 마음먹은 것이다. 남들에게 밝히고 싶지 않았던 부끄러운 얘기이지만 지금 공개를 하는 이유는, 많은 사람이 돈 때문에 '자신이 가고 싶은 길'을 놓지 않게 되기를 진심으로 바라는 마음에서다.

힘들게 여기까지 왔지만, 그동안 돈에 대해 큰 무리 없이 지내왔고

출판사를 직접 만들어 몇 권의 책을 직접 쓰고 펴냈다. 그리고 왓칭 강의와 상담을 하며 남들도 돕고 나 자신도 의식 성장을 했다고 생각한다. 지금은 늘 마음이 편안한 상태를 유지하며 기쁘고 감사한 마음으로 생활하고 있다.

그 당시 내가 하고 싶어 하는 일이 아닌, 돈을 따르는 길을 갔다면 왓칭을 연구해 생각클리어나 감정클리어 같은 방법을 찾아내지는 못했을 것이다. 그리고 지금처럼 책을 쓰고 강의를 하는 일은 없었을 것이다.

지금까지 여러 번의 고비가 있었지만, 내가 몸소 걸어왔던 과정이나 자신과 많은 사람을 돕는 가장 행복한 길임을 느끼며 진심으로 감사한다. 당신도 자신이 원하는 일을 찾아 그 길을 용기 있게 가보길 바란다. 그것이 우리가 이 세상에 온 이유이며, 그럴 때 진정한 행복 속에 있게 된다.

"신이 당신 자신에게 주는 메시지는 가슴 뛰는 일을 통해서 온다. 가슴 뛰는 일을 할 때 당신은 최고의 능력을 펼칠 수 있고, 가장 창조적이며, 가장 멋진 삶을 살 수 있다."

《가슴 뛰는 삶을 살아라》의 다릴 앙카의 메시지가 나의 가슴에서와 같이, 당신의 가슴에서도 울려지기를 바란다.

자신이 좋아하는 일을 찾는 방법

당신이 관심을 가지고 시선을 주는 일이 자신에게 끌려오게 된다는 사실을 아는가? 만약 지금 직장에 대한 불만, 부족한 급여, 직장동료들과의 관계, 아니면 현재 무직인 상황 등으로 걱정하고 불평하고 있다면 그것에 대한 관심을 바로 중지해야 한다. 잘못하면 그것이 미래로 향하는 당신의 발목을 잡을 수도 있기 때문이다. 당신도 모르게 말이다.

이 사실을 알았다면 우선 그런 부정적인 생각과 감정을 생각클리어나 감정클리어하고, 자신이 원하고 좋아하는 일에 대해 모든 관심을 두고 시선을 주어야 한다. 예를 들어 빨간 승용차를 사고 싶다면 거리에서 유난히 그런 비슷한 차들만 더 많이 눈에 띄게 된다. 그것처럼 자신이 본능적으로 어떤 일에 끌리는지 계속 관심을 두고 지켜봐야 그 답이 당신에게 끌려온다. 인터넷 검색도 하고, 책도 보고, 영화도 보며 미래를 상상해보자. 이때 왓처명상을 활용해도 좋다. 그때는 명상하기 전에 왓처에게 먼저 질문해보자.

"나는 어떤 일을 하려고 여기에 왔을까?"

"내가 가장 좋아하며 내가 제일 행복해질 수 있는 일은 무엇일까?"

앞서 영감을 얻는 방법에서 설명한 대로 문득 오는 영감을 얻어 보자. 그다음 '내가 좋아하는 일'과 '떠오른 영감(직감)'을 연결해보자. 자신이 어릴 적부터 좋아했지만 현실적인 문제 때문에 미뤄놓은 꿈이 있는지, 새롭게 호기심이 생기는 분야가 있는지, 최근 자신에게 새롭게 소개된 흥미 있는 일이 있는지, 현실적인 제약이 없다면 꼭 도전해보고 싶었던 일이 있는지 등을 유심히 살펴보는 것이다. 그때 자신에게 이렇게 물어봐도 좋다.

"어떤 일이 세상에 나를 마음껏 펼치게 해줄까? 가슴이 살아서 뛰게 해줄까?”

처음부터 너무 큰 일만 생각할 필요는 없다. 소소한 작은 일이라도 거기서 보람을 찾을 수 있다면 자신에게는 소중한 일이 된다. 이때 머리로만 판단하거나 앞서서 결론을 내리지 말자. 그 일을 얼마간이라도 직접 자신의 몸으로 체험해보는 것이 더 확실한 방법이다. 예를 들어 요리에 관심이 있다면 요리학원을 한 달 정도 직접 다녀보며 경험하는 것이다. 그때 어느 순간 그것과 동시성이 있는 일이 생기거나 ‘이것이다!’라는 느낌이 오면 적극적으로 그 일에 대시해보자. 그럴 때 가슴으로부터 전율이 일어나 찌릿찌릿한 반응이 있다면 그것이 천직일 가능성이 높다. 그 후에도 그 일이 자연스럽게 풀려나가는 것이 보인다면 거의 자기 일을 찾은 것이다. 이처럼 순조롭게 일이 풀리면 맞는 길일 가능성이 높고, 자꾸 일이 꼬인다면 다시 생각해 보라는 메시지로 이해하면 된다. 앞으로 많은 사람이 자신이 좋아하는 일을 찾아 그 길을 당당하게 걸어가게 되기를 응원한다.

좋아하는 일을 찾았으나 망설여진다면

자신이 좋아하는 일을 찾았다고 해서 끝난 것은 아니다. 그 일을 직접 실행하는 것이 더 중요하다. 그런데 그때 또 생각이라는 녀석이 발목을 잡을지 모른다.

‘자신 있어? 좋아한다고 다 될 거 같으면, 왜 다들 이렇게 사는데?’

이런 생각이 들면 누구나 움찔할 수 있다. 하지만 앞서서 누누이 강조했듯이 생각은 정확하지 않다. 그런 생각들은 생각클리어로 흘려버리면 된다는 것을 이젠 알 것이다. 물론 그런다고 부정적인 생각들이 완전히 없어지는 것은 아니다. 그래서 다시 망설여진다면 자신에게 질문을 던져보자.

"두려움 때문에 나는 오늘도 얼마나 많은 원하지 않는 선택을 했지?"

부모님을 실망하게 할까 봐 두려워, 친구들보다 못 나가는 것이 두려워, 애인을 잃을까 두려워, 남들이 말하는 좋은 직장에 취업이 어려울까 두려워, 가족을 부양하는 책임이 두려워, 노후가 두려워, 직업을 가지지 못하면 원하지 않는 육체노동을 할까 봐 두려워 자신이 원하지 않는 선택을 하지는 않았는지 다시 돌아보자는 것이다.

그런 후 당신이 곧 죽음을 앞두었다고 가정해보자. 당신은 곧 사라진다. 인생은 아주 짧고 모든 것은 다 부질없다. 그때 죽기 전에 후회하지 않으려면 어떻게 해야 할지 다시 질문해보자.

"내 인생에서 무엇이 가장 중요하지? 지금, 진실로 무엇이 제일 소중하지?"

이런 질문을 통해 스스로 깨어나 보자. 머리로 생각만 하지 말고 가슴으로 깨어나는 것이다. 단 하루라도 내가 나 자신을 위해 원하는 일을 하고 산다는 것. 그것이 후회 없는 삶, 여한이 없는 삶이라는 것을 깨우치자. 절대로 남들 때문에, 그들의 시선 때문에 살지 말자. 물론 처음에는 넘어지기도 할 것이다. 깨질 수도 있을 것이다. 또한 잠시 멈출 수도 있을 것이다. 하지만 그렇게 만들어 간 하나하나의 과정들이 그대로 자신의 진정한 스토리가 된다. 자신만의 브랜드가 되어 빛나게 된다. 그랬을 때 죽음 앞에서도 미소를 띠며 인생을 떠날 수 있지 않을까.

지금 한 손을 가슴에 대고 심장이 쿵쿵 뛰고 있음을 느껴보자. 설렘을 느껴보자. 당신이 아니면 세상 누구도 만들 수 없는 길, 당신의 길이 기다리고 있다. 이제 출발하자. 당신이 당신으로 사는 것, 그것만이 당신의 참다운 인생이다.

시작이 반이라 했으니 지금 출발했다면 성공한 것이다. 목표를 향해 달려가다 보면 알게 된다. 일은 술술 풀려나갈 것이고 도와주는 사람들이 속속 나타날 것이다. 하지만 시련이 온다고 해도 주눅들 필요는 없다. 다 괜찮다. 생각이 하는 말을 믿지 않고 눈앞에 나타나는 메시지들을 보면 된다. 그 메시지가 제대로 된 방향을 알려줄 것이기 때문이다. 어떠한 일이든 분명 당신에게 전하고자 하는 메시지를 포함하고 있다. 생각을 비우면 그것이 더 잘 보인다. 이렇게 왓처는 끊임없이 당신에게 메시지를 보내주고 있다. 손을 뻗어서 그 영감을 잡아라. 그리고 그 영감과 직감을 통해 길을 찾아라. 그것이 더 쉽고 빠르게 당신을 목적지로 데려다줄 것이다. 그리고 그곳으로 가는 동안 절대로 잊지 말자. 실패할 용기를 갖는 자는 반드시 그것을 성공으로 바꾼다는 사실을 말이다.

시련을 통해 내면에서 답을 얻는 방법

짐 맥클라렌은 풋볼 특기 장학생으로 예일대학교를 다니다 연기 활동을 시작하면서 뉴욕으로 갔다. 어느 늦은 밤 오토바이를 타고 리허설에 가던 그는 시내버스에 치여 30m 밖으로 튕겨져 나갔다. 그리고 병원에서 '도착 시 이미 사망' 선고를 받았다. 열여덟 시간이나 이어진 수술 끝에 짐의 상태는 겨우 안정되었다. 그러나 짐은 혼수상태에서 왼쪽 다리를 무릎까지 절단해야 했다. 그 후 그는 철인 3종 경기에 도전하고 기록을 세우며 재기하는 듯했다. 그러나 진짜 내리막길이 시작되었다. 이미 다리 하나를 잃은 짐은 캘리포니아의 자기 집 근처에서 자전거를 타다가 교통경찰의 수신호 실수로 직진한 밴에 깔렸다. 그 사고로 짐은 목뼈가 부러져 목 아래로 전신이 마비되고 말았다. 절망한 그는 호놀룰루에 틀어박혀 술과 코카인 중독에 빠져 극심한 우울증을 겪었다.

그러던 어느 날, 어두운 밤길을 헤매던 영혼은 충격적인 통찰을 얻었다. 코카인을 끊으면서 그는 지금의 끔찍한 고통이 사고 때문이 아니라, 불구가 된 몸 너머에서 왔다는 것을 깨달았다. 술과 코카인은 육체를 위로해 주는듯했지만 사실은 아니었다. 그는 자신을 위협하는 우울증과 중독을 극복하면서 진짜 적을 마주하게 된다. 짐은 가면을 벗고 철저히 자신을 돌아보았다.

"그럼 내가 진짜로 두려워하고 있는 게 뭐지?"

짐은 소리 내어 스스로에게 물었다.

"대답은 명확했어요. 제가 저 자신과 단둘이 남겨지게 될 것이 두려웠던 거예요. 제 마음과 함께 말이에요. 그 속에 살고 있는 어두움, 의심, 외로움, 혼란, 그런 추상적인 고통이 두려웠던 거죠."

마음속을 들여다보면서 짐은 자신의 가장 큰 고통이 완전함에 대한 상실감에서 왔다는 것을 이해하게 되었다. 물리적인 장애가 문제가 아니라, 완전함과 온전한 감각에 대한 기대를 상실한 데서 오는 고통이다. 결국 자신이 도달해야 할 곳은 자기 이해와 깨달음이라는 것을 알게 된다. 그 길은 온전한 몸이 아니어도 갈 수 있는 곳이었다.

위의 글은 마크 마토우세크의 책《상처와 마주하라》중에서 나오는 실제 이야기다. 이 얘기처럼 삶에서 마주하게 되는 시련은 그 당시 엄청난 고통과 절망을 주지만, 그것을 통해 의식이 성장하게 되는 도약대가 되기도 한다. 이때 필요한 것이 자신의 깊은 내면에 대한 탐구이며 그것을 가능하게 해주는 것이 내면을 향한 질문이다. 그때서야 비로소 '두려움'과 스스로 마주 서게 되어 진정한 답을 얻을 수 있는 문이 열린다.

나의 경우 그런 정도의 고통은 아니었지만, 여러 차례의 시련을 맞으며 위의 얘기처럼 내 안의 두려움을 보게 되었다. 처음에는 '남들이 나를 어떻게 볼까?' 그들의 차가운 시선이 무서웠다. 그리고 그런 가운데 '정말 나는 다시 재기할 수 있을까?'란 두려움이 내 안에 커다랗게 웅크리고 있었다. 결국 마지막에 용기를 내어 내면을 향해 질문을 던졌다.

"어떻게 사는 것이 진짜 나답게 사는 것이며, 어떤 것이 진짜 나의 행복인가?"

그 길을 찾는 방법과 그에 대한 경험을 적어 놓은 것이 바로 이 책《왓처》이다. 당신도 이 책을 읽으며 당신의 답을 찾게 되길 진심으로 바란다.

시인 시어도어 로스케는 이렇게 말했다.

"어두울 때 비로소 눈은 보기 시작한다."

어둠, 즉 고통스러운 시련이 눈을 뜨게 한다. 그때 세상의 눈이 아닌 진실한 눈으로 자신을 다시금 보게 한다. 그렇게 내면의 눈을 뜬다면 다가온 시련은 고통이 아니라, 아름다운 한 떨기 꽃이 되어 피어날 수 있다. 또한 그 시련은 어떻게 보면 자신만을 위해 연출되는 '드라마'다. 그것을 고통과 두려움으로만 바라본다면 그것이 준 기회를 놓쳐 버릴 수도 있지만, 스스로 질문해 그로부터 영감을 얻는다면 내면의 눈을 뜨는 빛나는 순간이 된다. 시련을 사랑으로 바꾸기 위해 이보다 더 중요한 것은 없지 않을까.

독일의 철학자 마르틴 부버도 말했다.

"모든 여행에는 우리가 알지 못하는 비밀스러운 목적지가 있다."

이처럼 당신의 앞에 일어나는 일에는 반드시 목적이 있다. 결국 그것을 깨닫는 자만이 그 목적지에 도착하게 될 것이다.

몸의 직감을 잘 느끼는 연습

직감이란 어떤 사물이나 현상을 접하였을 때 그 진상을 곧바로 느껴서 알게 되는 것, 또는 그런 감각을 말한다. 여기서는 몸을 통해 느끼는 직감에 대해 연습해보기로 하자.

우리는 각자 몸을 가지고 살고 있지만, 그 몸을 자주 느껴보고 그 감각을 활용하는 것에 아주 미숙하다. 게다가 자신의 몸에 대해 자주 불평과 비난을 늘어놓는다. 이렇게 우리를 위해 온종일 움직여주는 몸에게 감사한다는 마음조차 없는 경우도 많다. 그것은 머리(뇌)만을 사용해 온종일 생각에 빠져 살기에 몸에 관해 관심을 둘 여유가 없었기 때문일 것이다. 그리고 그것이 몸의 노화를 잘 느끼지 못하게 하고 여러 질병에 대한 대처를 못 하는 원인 중의 하나가 되었을 수도 있다. 또한 부정적인 생각과 감정에 계속 에너지를 빼앗기게 되면서 몸도 차츰 활력을 잃어가고 있다. 하지만 몸은 당신에게 항상 관심과 사랑받기를 기다리고 있다. 그리고 당신의 명령을 받기를 언제나 기다리고 있다.

우리가 몸을 사랑하며 몸을 느끼게 되는 순간에는 생각도 따라서 같이 편안하게 된다. 몸으로 그 중심이 내려와 머릿속의 생각도 그만큼 줄어들기 때문이다. 그럴 때 몸과 마음이 같이 공존하는 안정된 상태를 유지할 수 있다.

지금도 우리 몸의 각각의 세포들은 모두 아주 생생하게 살아 움직이고 있다. 그런 세포들을 당신이 하나하나씩 불러주며 사랑하고 감사해줄 때 다시금 에너지가 자신의 몸으로 연결될 것이다. 이처럼 의식을 한곳에 두고 사랑으로 바라보게 되면 그곳이 활성화되어 에너지가 더 잘 순환하게 된다. 에너지는 그렇게 의식을 두는 곳에 집중되기 때문이다. 또한 생명의 경이로운 활동에 당신도 동참하게 되는 것이다.

지금 당신의 손을 들어 가슴에 대고 심장이 쿵쿵 뛰는 것을 느껴보자. 자신의 심장에 사랑과 감사의 느낌을 전해보자. 그것이 온몸으로 퍼져 나간다는 이미지를 그려보자. 눈을 감고 자신의 몸의 중심이 지구의 중심과 연결되어 있고, 몸이 광대한 우주로 빠르게 확장되어 간다고 느껴보자. 그러면 기분이 상상 이상으로 좋아질 것이다. 몸에 대한 자신감이 느껴질 것이다.

앞으로 자신의 몸은 자신이 스스로 사랑해주어야 한다는 것을 깨닫자. 타인이 사랑해주기를 기다리지 말자. 그리고 현재 자신의 몸이 마음에 들지 않는다고 몸을 구박하거나 비난하지 않고, 사랑으로 따뜻하게 감싸 안아보자. 관심을 듬뿍 쏟으며 고마움을 진심으로 전해보자. 그러면 자신 몸의 하나하나의 세포들이 더 생생하게 살아나 더 건강한 삶을 유지하게 해줄 것이다. 그리고 몸에서 느끼는 직감을 더 확실하게 전달해줄 것이다. 또한 몸의 어떤 부분에 이상이 있는지 그때의 컨디션도 알려주게 된다. 자신의 몸을 느끼고 사랑해주는 방법들은 아래에 있으니 그것을 통해 연습해보면 좋겠다.

몸을 느끼고 사랑해주기 연습

(연습 1) 자신의 몸 각각의 이름을 불러주며 사랑해주기

머리(뇌), 머리카락, 눈, 눈썹, 코, 귀, 입, 입술, 이빨, 잇몸, 혀, 턱, 목, 어깨, 팔, 손, 손가락, 손톱, 가슴, 심장, 간장, 비장, 신장, 폐장, 위, 대장, 소장, 배, 허리, 다리, 무릎, 발, 발가락, 발톱 등을 하나씩 불러주며 감사와 사람의 마음을 전달한다.

(연습 2) 아래의 방법들을 매일 실천하며 자신의 몸을 제대로 느껴보기

1. 기상할 때 "내 몸아! 사랑해! 오늘도 온종일 나를 위해 일해

줄 너에게 감사해! 오늘은 좋은 날, 우리 같이 잘해 보자!" 이렇게 몸에게 감사하고 사랑한다고 말하며 하루를 시작하면 더 상쾌한 하루를 열 수 있다.

2. 세수할 때 얼굴의 이마, 눈, 코, 귀, 입, 그리고 피부에 하나하나마다 감사하며 생생하게 깨어나는 느낌을 느껴보자. 그러면 얼굴을 씻을 수 있게 해주는 깨끗한 물과 비누에도 감사할 수 있다.

3. 밥을 먹을 때 30번 이상 꼭꼭 씹어 먹으며 잇몸과 이빨, 혀, 입술에 감사하자. 그리고 음식의 고유한 맛을 느끼며 천천히 씹어 먹는다. 그러면 음식이 식탁에 오기까지 수고한 사람들과 음식에도 감사하게 된다.

4. 걸을 때 바른 자세로 걷는다. 발의 뒤꿈치부터 지면에 닿으며 움직이는 발과 다리의 느낌을 생생히 느껴보자. 대부분 걸을 때도 몸에는 관심이 없고 생각을 하느라 바쁘다. 그럴 때마다 생각클리어로 생각에서 벗어나 몸을 느끼는 시간을 갖자. 그럴 때 몸도 깨어나고 멋진 영감도 받을 수 있다.

5. 샤워할 때도 몸의 각각의 부분을 천천히 마사지하며 사랑한다고 말해주자. 자신의 몸을 사랑하는 애인의 몸처럼 여기고 대해주면 그 느낌이 더 살아날 것이다. 그리고 자신의 몸과

더 친해지는 것을 느낄 수 있다.

6. 자기 전에 엄지발가락부터 꼼지락거리며 그 부분의 이름을 불러주기 시작해, 하나씩 각각의 몸에 감사와 사랑을 주며 전해져 오는 느낌을 잘 살펴보면 잠도 잘 오게 된다.

이상의 방법을 실천하면서 알아야 할 점은, 우리가 그동안 방치해 두어서 그렇지 몸의 각 부분은 우리의 말에 귀 기울여 잘 반응한다는 점이다. 꾸준히 실천해 몸과 더 친해져야 한다. 그래서 몸이 더 깨어난다면 몸에서 오는 직감도 더 잘 느끼게 될 것이다.

슬럼프를 쉽게 극복하는 방법

누구에게나 슬럼프가 찾아올 때가 있다. 그때는 무엇을 해도 잘 안 되지 않을 것 같고, 실제로도 자신이 이제까지 해오던 것마저도 되지 않아 애가 타들어 간다. 그렇다면 그때 무엇이 문제를 일으켰을까? 대부분 '잘해야 한다'는 생각, 그것에서 비롯된다. 그 생각이 부담으로 작용해 '잘못하면 어떻게 하지'라는 생각으로 발전하고, 그런 생각 속에서 두려운 감정이 커져 자신이 잘하던 패턴을 잊어버린다. 자신의 템포를 잊어버리는 것이다.

이럴 때 과거라는 것은 존재하지 않는다는 사실을 다시금 깨닫게 된다. 자신이 이제껏 잘 해왔던 과거가 뿌리째 사라져 미아가 된 듯하기 때문이다. 그리고 그것이 오랜동안 계속되면 공포로 커져 완전히 길을 잃게 되기도 한다.

그렇다면 슬럼프에서 빠져나오려면 어떻게 해야 할까? 역설적으로 들릴지 모르겠지만, 그때는 차라리 슬럼프에서 나오지 않으려고 해야 한다. 그럼 놀랍게도 더 빨리 슬럼프에서 빠져나오게 된다. 왜냐하면 그런 태도가 불안했던 마음을 편안하게 해주기 때문이다. 잘못해도 괜찮다고 허용하게 되기에 잘해야만 한다는 생각이 무력화된다. 또한 그럴 때 자신의 마음만 바쁠 뿐이라는 사실을 눈치챌 수 있다. 그렇게 또 생각이 많아진 것이며 다시 생각에 깊게 빠진 것이다.

그럴 때는 생각클리어나 감정클리어 그리고 왓처명상을 통해 자신의 생각과 감정을 흘려버리고 잠시라도 왓처 상태로 있어 볼 필요가 있다. 그러면 자신에게 그런 시간이 꼭 필요해서 왔다는 것을 알 수 있다. 그리고 그때 자신의 두려운 감정을 돌아보고 소통하며 치유해 더 강력한 마음을 가지게 될 수도 있다. 또한 매일매일 바쁘게 결과만을 바라보고 살아오지는 않았는지 되돌아보게 된다. 그렇게 자신에게 찾아온 슬럼프를 순순히 받아들이고, 그 속에서 다시 자신을 되돌아보며 추스르는 귀중한 시간을 갖게 되는 것이다.

미국 프로야구에 활약하고 있는 추신수 선수도 한동안 슬럼프에 빠져 있었다고 한다. 그때는 온갖 노력을 다해도 소용이 없었다고 했다. 그래서 자신이 할 수 있는 것만 하며 타석에서 날아오는 공을 볼 때 아무 생각 없이 치는 것에만 집중해 그 슬럼프를 벗어났다고 한다. 그때 추신수 선수가 생각클리어를 알고 있었던 것은 아니지만, 생각을 배제하고 공에게만 집중하려고 한 것은 알 수 있다. 그처럼 결과를 염두에 두지 않고 초점을 현재에 두어 그것을 자신이 잘 즐길 수 있도록 배려해야 한다. 이제 삶에 잠시 슬럼프가 찾아왔다면 '잘해야 한다'는 생각을 놓아버리고 지금을 즐겨보자. 그것이 슬럼프가 우리에게 주는 교훈이며, 그것을 통해 슬럼프도 온전히 극복할 수 있게 될 것이다.

일곱 번째 무지개

당신의 모든 것이 아름다워지는 법

자기사랑 & 감사

W A T C H E R

나는 모든 것에 감사합니다,
있는 그대로의 나를 사랑합니다.

무엇을 해서 행복은 잠깐
내가 있어 행복은 영원

무엇을 얻어 행복은 잠깐
내가 있어 행복은 영원

무엇을 잘해 행복은 잠깐
내가 있어 행복은 영원

누구와 함께 행복은 잠깐
내가 있어 행복은 영원

자기사랑의 실천이 어려운 이유

세상에서 나만이 불행한 것 같고 능력이 없어 보일 때가 있다. 물론 나도 그런 때가 많았다. 그러나 거기서 빠져나올 수 있는 길이 없는 것은 아니다. 어떻게 그런 생각을 하게 되었는지 왓칭을 해 그런 생각이 틀렸다는 것을 알게 된다면, 거기서 벗어나 자기사랑의 길로 들어설 수 있다.

그렇다면 왜 자기를 사랑하는 것이 그렇게 힘들까? 그것은 자신이 지금까지 이뤄온 일들의 성과로만 자신을 평가하기 때문이다. 자신을 떠올리면 자신의 성과물들을 맨 앞에 둔 결과이다. 매번 만족할 만한 결과를 만들어내지 못한 사람이라면 그때마다 자신이 잘못했다고 생각하게 된다. 따라서 무능력해 보이는 자신을 사랑하기가 쉽지 않게 된다. 게다가 생각은 한 번으로 끝나지 않고 끊임없이 그런 사실들을 떠올려주며 거기서 도망치지 못하게 한다. 그런 가운데 자기사랑이 필요하다는 것을 알고 실천하려고 해도 자신에게 사랑을 주려는 것이 실패자에게 동정을 베푸는 것과도 같이 느껴진다. 설령 사랑을 주려 해도 그 사랑이 억지 같아 불편해지는 것이다. 결국 자기사랑은 자신과 상관이 없는 먼 나라 얘기가 되고 만다.

그러나 다시 생각해보자. 아니다. 그 생각을 왓칭해보자. 그 생각만 놓고 보자. '성공한 사람만 사랑받을 수 있다'는 생각이 정확한지 따져보자. 어떤가. 사회에서 1등을 한 사람만 사랑을 받고 있는가. 현실은 그렇지 않다. 아무리 큰 성공을 했더라도 인격이 좋은 사람이 사랑을 받게 된다. 사랑을 받을 자격에서 능력과 성과물이란 그저 일부분일 뿐이다. 그리고 그것을 최종적으로 결정하게 되는 것은 그 사람이 정말 좋은 사람인가 하는 것에 있을 것이다. 누구나 실패할 수도 실수할 수도 있기에 그것만 가지고 사랑의 자격을 논할 수는 없다.

이처럼 생각이 정확하지 않다는 것은 이제는 완전히 이해해야 한다. 생각이 만들어 내는 스토리에 무조건 따라갈 필요 없다. 그런 생각에 당신의 귀중한 자리를 내어주지 말아야 한다. 스스로 부족하다는 생각을 치워버리면 자신의 소중함이 더 다가오게 될 것이다.

좋은 결과든 나쁜 결과든 나를 위해 오게 된 것이다. 그것을 통해 성장해 나아가고 있다는 사실을 깨닫게 된다면 그 어떤 결과도 필요하다고 받아들일 수 있게 된다. 인생이라는 큰 그림에서는 지금의 작은 실패가 성공의 디딤돌이 될 수 있기 때문이다. 그리고 일에서 결과는 단지 일부분이며 그 외의 모든 것이 다 과정이지 않은가. 당신이 그 과정에서 즐거움을 찾고 행복감을 느낀다면 그것들이 더해져 만족스러운 결과도 따라오게 된다. 그런 과정에서 최선을 다했다면 당신의 소임을 다한 것이다.

이처럼 슬픔도 아픔도 고통도 내가 있어 느낄 수 있다. 또한 기쁨도 즐거움도 행복도 내가 있어 올 수 있다. 내가 없다면 세상 어느 것도 존재할 수 없다. 모든 것을 느끼며 여기에 존재하게 하는 나 자신보다 더 소중하고 중요한 것은 그 어디에도 없다. 이렇게 결과에서 떠나 자신이 지금 존재하는 것에 의미를 두기 시작할 때 세상은 더 아름다워 보인다. 세상에 무수한 꽃과 나무와 돌, 물, 흙 등이 조화를 이루어 아름다운 산천이 되듯이, 우리들 모두도 각자의 색깔로 지금 이 세상을 아름답게 물들이고 있는 것이다.

당신은 특별하다. 그리고 유일하다. 쌍둥이로 태어났다고 해도 절대 똑같지 않다. 당신은 이 세상에 하나밖에 없기에 더 특별하며 소중하다. 그리고 당신은 하찮은 사람이 되려고 이 세상에 태어난 것이 아니다. 당신이 존재하는 그 자체가 이 세상에 일어난 특별한 기적이다. 그러니 자신이 못났다는 생각 속에 파묻혀 있지 말고, 그곳에서 일어나 당당하게 걸어 나가자. 아니 힘차게 뛰어보자.

어리석은 개미는 자신의 몸이 작아 사슴처럼 빨리 달릴 수 없음을 한탄하지만, 현명한 개미는 자신의 몸이 작아 사슴의 몸에 붙어 달릴 수 있음을 자랑으로 생각한다. 이처럼 어리석은 사람은 자신의 단점을 들여다보며 슬퍼하고, 지혜로운 사람은 자신의 장점을 스스로 찾아내어 격려한다. 찾아보면 당신에게도 우수한 점이 분명히 있다. 자신에게서 보물을 찾는 자만이 인생에서 행복한 승리자가 된다. 그것이 곧 자기사랑의 길이다.

외모가 부족함에도 자신을 사랑할 수 있는 방법

요즘은 가희 외모 전성시대다. 그래서 외모가 뛰어나면 모든 일을 잘할 것 같고 자존감도 뛰어날 것이라고 대부분 생각한다. 그러나 놀랍게도 그렇지 않다. 외모가 뛰어나다고 자존감이 높고 자기사랑을 잘하게 되는 것은 아니라는 것이다. 오히려 자기사랑과 자존감은 외모와는 큰 관련이 없다. 그것은 자기 자신을 잘 이해하고 소통하는 큰 마음에서 시작되는 일이기 때문이다.

영화 〈I feel pretty〉를 보면 주인공이 자신의 외모가 예쁘게 바뀌지 않았지만, 사고 때문에 착각해 완벽한 미인이 되었다고 생각한다. 그리고 자신이 아름답다는 생각으로 매사에 자신감을 가지고 일을 한다. 그러자 잘 나가는 화장품 회사의 CEO와 그녀의 키 크고 잘생긴 남동생이 그 주인공에게 모두 홀딱 반한다. 왜냐하면 자신들은 외모도 뛰어나고 돈도 많고 큰 성공을 했음에도 불구하고 콤플렉스 때문에 항상 자존감이 바닥이기 때문이다. 반면에 별 볼 일 없는 외모에 뚱뚱하기까지 한 주인공이 자신감과 자존감이 높은 것을 보고서 자신들이 못 가진 무엇이 그녀에게는 있다고 생각한다.

"나는 나 자신을 알아요. 난 아름다워요"라고 확신에 차서 말하며 그녀가 자신의 일상을 유쾌하게 바꿔나가는 것을 보며 자존감과 자신감은 외모와는 별 상관이 없고 자신의 생각에 달려 있다는 것을 다시 한 번 더 느끼게 되었다. 물론 그런 사실을 풍자한 블랙코미디 영화이기에 좀 과장되게 표현을 했을 수 있다. 그러나 자기 생각이 중요하며 그런 생각들이 모여 자신의 인생이 결정된다는 사실에는 변함이 없다.

지금 당신은 자신의 외모에 대해 어떤 생각을 가지고 있는가? 외모가 중요한 것이 아니라, 외모에 대한 당신의 생각이 중요하다는 사실을 이해했는가. 그렇다면 지금 이 순간부터 외모에 대한 생각 중에 불편하고 부정적인 생각들은 모두 생각클리어로 흘려버리고, 외모에 대한 자신감을 선택해도 된다. 어떤 생각이든 당신이 주인이기에 당신이 선택할 수 있다.

'난 아주 뛰어난 외모는 아니나 이 정도면 뭐 괜찮아. 특히 이런 외모는 이 세상에 나 혼자뿐이니 충분히 자신 있게 살 수 있어. 난 특별하니까!'

이렇게 생각하면 되는 것이다. 그리고 이런 생각에 반대하는 생각은 무조건 생각클리어, 그래도 생각이 계속 올라온다면 그때는 감정클리어로 외모로 인해 상처받았던 마음을 치유하고 이해해주면 된다.

디즈니 애니메이션 〈알라딘〉에 이런 대사가 나온다.

"어떻게 하면 그녀가 나를 사랑하게 할 수 있지?"

그러자 요정 지니가 대답한다.

"그냥 너 자신이 되어봐. 기억해. 단지 너이면 돼(Be yourself. Remember. Just be yourself.)."

예쁘게 생긴 사과만 씨앗을 품고 있는 것은 아니다. 좀 못생긴 사과도 그 안에 분명히 씨앗을 품고 있다. 어떤 것이 더 훌륭한지는 아직 모른다. 그것은 그 씨앗을 사랑으로 키우느냐 아니냐에 달려 있다. 우리는 항상 바깥을 보지만 그 시선을 안으로 돌려 내면을 바라본다면 가장 밝은 빛이 그곳에 분명히 존재한다는 사실을 깨닫게 될 것이다.

그런 사실을 알았다면 자신의 단점을 솔직히 드러내도 문제없다. 그렇게 자신의 있는 그대로의 민낯을 사랑하게 될 때 남들도 있는 그대로 이해하고 사랑하게 된다. 가짜의 자신이 아닌 벌거벗은 나를 사랑할 수 있으니 아무런 조건 없이도 스스로 행복해진다. 비로소 자신이 커진 느낌이 든다. 이렇게 우리는 성장하고 있는 것이다. 항상 winner는 잘 생긴 사람이 아니라, 자존감이 높은 사람이라는 것을 잊지 말자. 그런 자존감을 높이기 위한 자기사랑 실천 방법으로 이 책의 부록에 〈왓칭 자기사랑 체크표〉가 있으니, 매일 자기사랑을 점검해보며 스스로 자존감을 키워나가길 바란다.

자존심과 자존감의 차이가 뭐죠

“자존심과 자존감의 차이가 뭐죠? 어떻게 구별할 수 있나요?” 자기사랑에 대한 수업을 진행하다 보면 많이 받는 질문이다. 자존심과 자존감이라는 글자가 비슷해 자칫 혼동할 수도 있다. 그리고 자기사랑이 자신의 이기심을 세우는 것처럼 보일 수도 있기에 이번에 제대로 알고 넘어가자.

남들이 자신에 대해 좋지 않게 말할 때가 종종 있을 것이다. 그럴 때마다 화가 날 수 있다. 하지만 자존감이 높은 사람은 평상시에 자신이 훌륭하며 특별한 존재라는 확신이 있기에 그냥 대수롭지 않게 지나간다. 그것은 단지 그 사람의 개인적인 의견일 뿐이며, 자신이 갑자기 능력이 낮아지거나 나쁜 사람이 되는 것은 아니라는 사실을 잘 알고 있기 때문이다.

반면에 상대방의 말로 기분이 나빠져 화가 났다는 것은 자존심이 상처를 받았다는 것이며, 자신도 평상시에 그런 생각을 품고 살아왔다는 것을 뜻한다. 결국 그 사람의 비난이 결정적인 것이 아니라, 자신의 마음이 그것을 결정한다는 것이다.

이처럼 자존심은 남과 내가 있어야 된다. 홀로 성립하지 못한다. 상대방이 있어야 그 사람을 향해 자존심을 세우거나 꺾게 된다는 말이다. 반면에 자존감이 있다는 것은 타인과 상관없이 홀로 스스로 할 수 있는 것이다. 또한 자존심은 남과 이것저것 비교해 자신을 우월하게 세워야 하기에 모래 위에 언제 무너질지도 모르는 성을 쌓는 것과도 비슷하다. 항상 곁에 불안감이 도사리고 있다. 그러나 자존감은 스스로 고양되어 자기사랑을 느끼는 것이기에 불안과는 상관없다. 이처럼 자존감과 자존심은 비슷하게 보여도 분명히 다른 말이다.

이번에는 자존감과 이기심에 대해서도 살펴보자. 우리나라를 비롯한 동양권의 사람들은 유교의 영향을 많이 받아 모든 면에서 자신을 낮추고 겸손해야 한다고 알고 있다. 따라서 자기를 내세우는 것이 설사 이기심으로만 비추어지지나 않을까 걱정한다. 하지만 남들에게 피해를 주지 않고 도덕적으로도 나쁜 일이 아닐 경우에는 자신을 우선시하는 것이 필요하다고 본다. 자신이 행복해져 사랑의 에너지가 더 커져야 주위 사람들에게도 좋은 에너지와 좋은 영향을 줄 수 있기 때문이다. 이처럼 모든 시작은 바로 '나'로부터이다.

이제는 스스로 자신이 위대하며 그런 자신을 사랑해주는 것보다 더 우선되어야 할 일은 없다는 것을 알아야 한다. 그래서 남들을 위한다고 구태여 자신을 희생하거나 아니면 자신의 능력을 넘어 친절을 베푸는 일을 하지 않아도 된다. 공자님도 이렇게 말씀했다.

"스스로를 존경하면 다른 사람도 당신을 존경할 것이다."

또한 부처님도 천상천하 유아독존(天上天下唯我獨尊)이라 했다. 그것은 하늘 위와 하늘 아래 오직 내가 홀로 존귀하다는 뜻이다. 나는 스스로 빛난다. 남들이 인정해 주어야 빛나는 존재가 아니다. 이처럼 자신이 스스로 빛날 수 있게 하는 것이 '자존감'이다.

감사하기는 왜 매일 해야 할까

감사하기는 '행복의 리액션'과도 비슷하다. 리액션이란 잘 알고 있겠지만 어떤 말이나 행동에 반응하는 것을 뜻한다. 그런데 리액션 하나로 그때의 분위기를 살기도 하고 죽이기도 하기에 사람들의 관심사가 된 듯하다. 그렇다면 감사를 리액션과 같은 느낌으로 사용하면 어떨까.

두 사람이 있었다. 한 사람은 매사에 시큰둥했다. 어제와 비슷한 일상을 또 보는 것이 심심해 눈이 번쩍 띄게 신나는 일이 없나 두리번두리번했다. 그러다 실망해 오늘도 다시 어깨가 처졌다. 반면에 한 사람은 리액션의 대가였다. 어제와 비슷한 일상이지만 신나게 오늘도 사람들의 말과 행동에 리액션했다. 그때마다 자신이 먼저 행복해졌고 그것을 본 주위 사람들도 재미있어했다. 점점 모두가 그 사람을 좋아하게 된 것은 당연지사. 그 사람이 인기남이 되자 더 많은 사람이 몰리고 돈까지도 그에게 모여들었다. 그는 평생 행복한 부자로 살게 됐다.

감사도 이와 닮았다. 비슷한 일상에 감사하지 않고 리액션 없이 축져져 보낼 수도 있겠지만, 어떤 일에도 매일 감사한다면 자신이 먼저 행복해지고, 주위도 행복해지며, 게다가 행복한 선물까지도 받게 된다.

당신이라면 누구에게 선물을 주겠는가? 당신에게 시큰둥한 사람과 신나게 반응해주는 사람 둘 중에 말이다. 이처럼 감사하기는 자기사랑과 함께 매우 중요하다. 부정적인 사고를 긍정적으로 전환하기 위해 가장 쉽게 실천할 수 있는 방법이 감사하기이기 때문이다. 더구나 감사는 자신의 에너지를 좋은 일들이 일어날 수 있는 방향으로 바꾸어 준다. 그리고 감사하다 보면 그런 감사하기가 긍정적으로 자신을 바꾸어 놓고 있다는 사실을 다시 깨닫게 되어 더 감사하게 된다. 이것이 당신이 감사하기를 매일매일 꾸준히 실천해야 할 이유다.

처음에 시작할 때는 이런 감사하기가 큰 도움이 되지 않을 것이라 생각할지 모른다. 하지만 지속한 감사의 힘은 매우 강력하다. 당신도 실제로 그것을 느껴보라. 하루를 시작하면서 자신에게 감사 찾기 질문을 던지는 것으로 시작해보자. 그리고 그 답을 찾아 매일 감사를 하며 진심으로 감사하는 습관을 길러보자. 한 달 정도 꾸준히 하다 보면 당신의 주변도 감사한 것으로 채워진 아름다운 일상으로 변모하게 될 것이다. 그럼 감사하기를 좀 더 효과적으로 할 수 있는 방법에 대해 알아본다.

감사하기를 더 효과적으로 하는 방법

처음에는 감사할 일을 찾기가 어려울 수도 있다. 그럴 때는 아래의 감사 찾기 질문 14가지를 자신에게 하나씩 해보자. 그런데 그 전에 생각클리어를 먼저 실행해 머릿속을 깨끗이 비우고 시작하면 좋다. 왜냐하면 감사는 순수하고 깨끗한 마음에서 하는 것이 감사할 것을 찾기도 쉽고, 하기도 좋기 때문이다.

이럴 때 감사의 안경을 쓰고 세상을 감사의 시각으로 바라보면 어떨까. 이제껏 우리는 세상을 비교의 안경이나 불만의 안경을 끼고서 매번 본 것은 아닐까. 어떤 시각으로 세상을 바라보느냐에 따라 세상은 아주 달라 보인다. 지금부터는 아침에 일어나자마자 감사의 안경을 쓰는 것부터 해보자. 그리고 지금 감사의 안경을 끼고 있다고 실제로 느끼며 아래의 질문을 해보고, 그것에 온전히 감사해보자. 생각클리어가 순수한 마음으로, 그리고 진심으로 하는 감사하기의 바탕이 되어줄 것이다.

1. 오늘 가장 고마운 사람은 누구인가?
2. 오늘 나를 지지하거나 자극하면서 나를 도와준 사람은 누구인가?
3. 오늘 만난 사람 중 가장 배우고 싶은 사람은 누구인가?
4. 오늘 어떤 경험이 나를 좀 더 발전하게 해주었는가?
5. 나의 재능 중 오늘 특별히 감사하게 된 것은 어떤 것인가?
6. 나의 신체 중 오늘 특별히 감사하게 된 것은 어떤 것이 있는가?
7. 나의 성격(개성) 중 오늘 특별히 감사하게 된 것은 어떤 것이 있는가?

8. 나의 언행 중 오늘 특별히 감사하게 된 것은 어떤 것이 있는가?
9. 오늘 뜻밖의 우연에 감사할 것이 있었는가?
10. 오늘은 감사가 어떤 모습으로 나에게 다가왔는가?
11. 오늘 어떤 뉴스가 나를 감사하게 했는가?
12. 오늘 생활 속에 숨어 있는 작은 감사는 어떤 것이 있었나?
13. 오늘 감사를 통해서 느꼈던 또 다른 감사는 무엇이었나?
14. 오늘 그 이외에 내가 눈치 채지 못했던 감사는 무엇이 있었을까?

감사를 해도 더 힘든 일들만 온다면

감사하기를 하다 보면 의문이 든다. '내가 진실로 감사하고 있나?' '감사하기가 정말 나에게 도움이 될까?' 그러던 중 힘든 일이라도 닥쳐온다면 그때는 감사하기 자체가 아예 흔들릴 수도 있다. 그것은 어떤 이유가 있어야지만 감사할 수 있다는 생각을 하고 있기 때문이다. 대부분 자신에게 좋은 일이 있거나 그런 일이 생길 것 같아 감사하게 된다. 물론 감사는 또 다른 감사한 일들을 불러올 수 있다. 하지만 감사를 꾸준히 했는데도 계속해서 힘든 일이 온다면 그때는 어떻게 해야 할까?

2015년 12월 20일 미스 유니버스 대회. 사회자 스티브 하베이의 실수로 왕관을 썼다가 다시 내려놓게 된 아주 황당한 일이 발생했다. 결국 우승자에서 준우승자가 되어버린 미스 콜롬비아 아리아드나 구티에레스, 그녀의 인생 역전에 대한 이야기다. 그 당시 그녀는 당황한 표정으로 왕관을 우승자 미스 필리핀에게 넘겨주었지만 이내 의연했다. 그리고 이렇게 말했다.

"모든 일이 벌어지는 것에는 이유가 있다고 생각합니다. 제가 2등의 자리에 오를 수 있도록 투표해준 모든 분들에게 감사합니다. 이것만으로도 충분히 행복합니다."

그리고 사흘 뒤에 자신의 SNS에 그 당시의 소감을 올렸다. 아쉬움을 토로하기보다 감사함을 전한 그 글이 12시간 만에 무려 150만 건의 '좋아요'를 받으며 큰 호응을 얻었다.

> "폭풍이 몰아친 뒤에는 평온이 찾아오기 마련입니다. 저는 저에게 투표해준 모두에게, 저를 응원해준 모두에게 감사함을 전달하고자 합니다. 저는 콜롬비아 국민들뿐 아니라 전 세계 사람들의 응원을 받았다는 점에서 세계 최고의 행운아 중 하나라고 할 수 있습니다.
> 각자를 위한 운명은 다 쓰여 있다고 생각합니다. 제 운명은 이렇게 쓰여 있었던 것이지요. 저는 단 몇 분 동안이지만 미스 유니버스가 돼 우리 조국에 큰 기쁨을 줄 수 있어 행복했습니다. 그리고 그날 이후 전 세계 곳곳에서 콜롬비아와 라틴인들에 대해 얘기하는 사람이 많아진 것만으로도 행복합니다. 올해 미스 유니버스를 배출한 필리핀에도 축하를 보냅니다. 제가 잠시 해봐서 아는데 그 행복감은 이루 말할 수 없을 정도죠. 지금 당장은 이해할 수 없는 일들이 있지만 삶을 살아가다 보면 나중에야 그것이 어떤 의미였는지를 알게 될 겁니다. 여러분의 지지와 사랑에 다시 한 번 감사드립니다."

그런 해프닝이 있고 난 뒤, 그녀의 모국인 콜롬비아에서는 그녀를 국가적 영웅으로 떠받드는 분위기라고 한다. 콜롬비아의 후안 마누엘 산토스 대통령까지 자신의 SNS에 "그녀는 영원한 미스 유니버스이며, 우리는 그녀가 자랑스럽다."고 글을 남길 정도였다.

위의 이야기에서 보듯 안 좋은 일에도 감사했을 때 그 감사의 힘은 더 대단해진다. 꼭 좋은 일이어야만 감사할 수 있는 것은 아니다. 불행한 일이 다가오더라도 오히려 그것에 감사할 때 그 일은 더욱더 감사한 일로 돌아오게 되는 법. 당신에게도 기회는 있다. 불행한 사건이 있더라도 그것을 더 깊이 감사할 기회로 삼아보자. 감사가 행운이 된 그녀의 얘기처럼 인생 역전은 그렇게 시작되기도 하지 않는가.

어떠한 일도 자신에게 메시지를 전달하려는 좋은 뜻을 품고 온다. 그것을 제대로 헤아릴 수만 있다면 '받아들임의 감사'를 할 수 있다. 감사하여야 할 어떤 이유도 먼저 따지지 말자. 그저 가슴으로부터의 순수한 감사함을 느껴보자. 그것이 '진실한 감사'다. 그렇게 된다면 가슴 깊은 곳에 사랑의 불꽃이 점화돼 모든 세상이 감사와 사랑으로 바뀐다. 실로 아름다운 축복이 피어나는 순간이 된다. 그런 환희 속에 있다면 지금 자신이 존재하는 것만으로도 진심으로 감사하게 된다.

당신의 기분을 잘 관리하는 방법

기분이 나쁘다면 무언가 잘못되고 있다는 신호다. 그 원인은 크게 두 가지로 좁혀볼 수 있다. 하나는 미래에 일어날 어떤 일을 기대하고 있었는데 기대만큼 잘되지 않을 것 같다고 느껴질 때이다. 또 하나는 과거에 있었던 두려움이나 불편했던 기억이 연상되며 기분이 나빠지는 것이다. 결국 두 가지 모두 당신이 생각과 감정에 빠진 상태다. 그리고 그것에 더 깊게 빠져들수록 기분은 더 나빠진다.

그렇다면 어떻게 해야 기분이 좋아질까? 우선 자신이 어떤 생각에 빠져 있는지 알아야 한다. 하지만 처음에는 무슨 생각 때문에 기분이 안 좋아졌는지 모를 때가 많다. 그럴 때는 왓처명상을 해 마음 안을 자세히 들여다보아야 한다. 어떤 욕구가 발동하고 있는지 살펴보아야 한다.

그럴 때 대부분의 사람이 자신도 모르게 잘 끌려들어 가는 생각이 있다. 그것은 무엇일까? 그건 이렇게 말하는 생각이다.

'그건 이렇게 되어야 해!'

예를 들어 회사를 곧 그만둔다고 하면 생각은 이렇게 말한다. '마지막이니 아름답게 잘 마무리를 해야 해!' 만약 시험을 본다면 또 이렇게 말한다. '저번보다는 더 좋은 점수를 받아야 해!' 그 외에도 무척 많다. '내 남자(여자) 친구는 이렇게 해야 해, 내 아들(딸)은 이렇게 돼야 돼, 크리스마스(생일)는 시끌벅적 신나게 보내야 해, 오늘 화장이 잘 먹어야 해!' 등등 우리 주위에서 일어나는 대부분의 일에 대해 생각은 '어떻게 되어야만 한다'는 고정관념을 제시한다. 게다가 그것을 매우 당연히 여긴다. 하지만 그런 생각들 때문에 기분이 나빠지기 시작한다는 점이다.

이제 이런 생각에 끌려들어 가고 있다는 것을 알았다면, 그것을 생각클리어로 클리어하면 된다. 하지만 가슴 속 깊게 있던 생각은 감정으로 변해 있을지 모르니 감정클리어도 해주면 좋다. 그리고 이런 사실을 꼭 알아야 또다시 빠지지 않는다. 어떤 일이든 꼭 어떻게 되어야만 행복한 것은 아니라는 사실이다. 오히려 그런 생각에서 벗어날수록 그 일은 자신이 원하는 대로 흘러간다. 어떻게 되어야만 한다는 생각은 운신의 폭을 좁히고 부담감을 주어 최선의 결과를 가져오지 못하게 한다. 지혜롭지 못한 생각인 것이다.

나의 경우도 그런 생각에 빠지는 경우가 많았다. 지금 이 책을 쓰면서도 그런 생각을 하게 된다.

'이 글을 잘 써야 해!'

이런 생각이 거듭되면 기분이 안 좋아진다. 그러면 부담감 때문에 글이 잘 풀릴 리 없다. 하지만 이런 생각에 빠졌다는 것이 다시 왓칭 연습을 할 기회를 제공해 준 것이 아닌가. 그리고 이렇게 글의 소재로도 둔갑했으니 다 나쁜 일만은 아닌 것이다. 이처럼 생각이 모든 일을 좋은 일과 나쁜 일로 나눈다. 하지만 좋고 나쁜 일이 있는 것이 아니라, 어떤 사실만이 존재한다. 그러니 편하게 자신에게 이렇게 말하자.

"나에게는 항상 좋은 일만 와!"

만약 그래도 안 좋은 일이 온다면 그것이 준 메시지를 찾아서 배우고 변화하면 된다. 그런 일에서도 도움 될 점들은 있다. 이처럼 어떤 일이든 자신에게 좋은 일만 온다는 관점으로 세상을 바라보면 기분이 나빠질 수 없다. 받아들임이기 때문이다. 이제는 자신의 기분이 안 좋다면 생각에 빠져 있다는 것을 눈치채고 다시 기분을 좋게 해주자. 자신이 기분 좋은 것보다 세상에 더 좋은 일은 없지 않은가.

우리가 가야 할 최종 목적지

지금 당신은 사랑하는 여자 친구와 데이트 중이다. 카페에서 함께 차를 마시고 있다. 그런데 왠지 알 수 없는 거리감이 느껴진다. 뭔가 기분이 찜찜하다. 조금 전까지 잘 웃고 나만 바라보던 그녀가 금세 몇 분도 지나지 않아 변한 걸까? 이건 도대체 무엇일까?

그것은 지금 그녀가 다른 생각에 빠져 있어서 그렇다. 마음이 현재에 없는 것이다. 그녀의 마음이 다른 곳에 가 있다는 말이다. 불행하게도 다른 남자 생각을 하고 있을 수도 있고, 아니면 내일 일을 걱정하고 있을 수도 있고, 아니면 과거의 일로 후회하고 있을 수도 있다. 그녀의 몸은 지금 카페에 당신과 함께 있지만, 마음은 다른 남자 아니면 과거나 미래로 가 버렸다. 그때 당신의 마음이 반사적으로 그것을 느껴 편치 않은 것이다.

반대로 여자 친구가 당신만 바라보고 있다. 이 세상에 오직 두 사람만 있는 것 같다. 두 눈을 반짝이며 미소를 한가득 띠고 지금 당신의 눈을 계속 본다. 그럴 때 그녀는 현재에 있다. 몸도 마음도 모두 당신과 함께 있다. 가슴이 콩닥콩닥 뛰는, 무엇 하나 부럽지 않은 최고의 순간이다. 이처럼 한 여자와 데이트를 하고 있더라도 그 느낌은 완전히 다를 수 있다.

부부 사이도 마찬가지다. 몸은 바로 옆에 누워 함께 있지만, 서로 마음의 거리는 지구 반대편에 있을 수도 있다. 또한 일을 대하는 자세도 이와 다름이 없다. 이처럼 자신의 마음이 어디에 있는지 잘 살펴야 한다. 자신의 몸이 현재에 있는데도 마음이 미래나 과거로 가 버리면 집에 주인이 없는 것과 같은 불균형 상태가 된다. 그런 불안정한 상태에서 생각과 감정은 더 부정적으로 커져 버린다. 그래서 현재에 있어야 할 마음이 미래나 과거의 허상을 붙잡게 두면 안 된다.

정상에 올랐다가 내리막길에 있는 중년 배우의 갈등과 성장 이야기를 다룬 영화 〈버드맨〉에서 이런 장면이 기억난다. 왕년에 잘 나가던 배우가 다시 재기하기 위해 어렵게 준비한 브로드웨이 공연의 시작을 앞두고 있었다. 그때 찾아온 예전의 아내와 과거를 회상하는 장면에서다.

과거의 어느 날, 주인공은 사랑하는 어린 딸과 아내와 함께 아름다운 해변에서 즐거운 시간을 보냈다. 하지만 자신은 그때 그곳에 없었다고 고백하며 눈물을 흘린다. 영화를 준비하고 그것만 생각하느라 몸은 그곳에 있었지만, 마음은 그곳에 없었다고 한 것이다. 왠지 그 장면을 보며 나 또한 생각 때문에 내 인생에 아름다운 순간들을 그냥 지나쳐 온 것이 아닐까 후회됐다.

"나는 왜 지금을 즐기며 살지 못했을까?"

무엇보다도 지금, 이 순간에 있을 때가 제일 행복하다. 그것은 어떤 이유가 있어 행복한 것이 아니라 그냥 행복한 것이다. 자신이 전혀 가보지 않은 해외로 처음 여행을 가서 느끼게 되는 행복도 이와 비슷하다. 처음 가보는 곳이기에 저장된 정보도 없고 낯선 풍경을 보느라 생각이 끼어들 여지가 없다. 생각이 방해하지 않으니 쉽게 몰입이 되고 그 순간만큼은 가슴으로 느끼게 된다. 그러나 똑같은 장소에 두 번째로 방문한다면 다시 예전처럼 비교가 시작될 것은 분명하다. 생각이 움직이기 시작하는 것이다.

사랑하는 사람과 뜨거운 키스를 나눌 때 정말 황홀하지 않은가. 그 순간 온전히 몰입해 아무 생각도 없다. 그야말로 무아지경이다. 몸과 마음이 모두 현재에 있는 것이다. 그러던 중 이런 생각이 끼어들었다.

'내가 키스를 잘하고 있나? 너무 세게 한 것은 아닌가.'

이렇게 생각이 드는 순간 키스의 황홀함은 금세 사라져 버린다. 이런 판단이 시작되면 키스의 아름다움은 그 순간 종말을 맞게 된다. 모두 생각이 빚어낸 참사(?)다. 이처럼 생각이 없는 순간에 있거나 하나의 일에 완전히 몰입할 때가 가장 행복한 순간이다.

그러나 생각은 늘 당신이 어떤 곳으로 가야 한다고 말한다. 그러기 위해 지금 무엇을 해야만 한다고 부추긴다. 그러다 윽박지르기까지 한다. 그러면 당신은 그 생각을 따라간다. 하지만 그것은 영원히 끝나지 않는 게임이다. 생각이 말하는 것처럼 당신이 가야 할 곳은 그렇게 머나먼 곳에 있는 것이 아니다. 당신이 가야 할 목적지는 바로 '지금 여기'다. 여기에 최고의 행복이 있다. 지금에 무한한 기쁨이 있다. 현재에 최고의 사랑이 있다. 그리고 바로 지금 여기에 영원한 자유가 있다. 지금 여기가 그렇게 찾았던 당신의 최종 목적지, 당신의 집인 것이다. 이처럼 지금보다 더 이상의 최고의 순간은 없다.

지금을 느껴보자. 항상 최고의 절정은 지금뿐이며 아름다운 꽃이 피어나는 순간도 오직 지금이다. 이처럼 세상 모든 일은 지금에 이루어진다. 그 순간 당신도 가슴 뛰는 기쁨 속에 있게 된다.

당신에게 하는 마지막 질문

드디어 이 책의 마지막이다. 정말 수고했다. 하지만 책을 덮는다고 해서 왓칭을 잊어버리면 안 된다. 마지막 질문이다.

"당신은 아직도 좁은 컵 속에 빠져 있는 것은 아닌가?"

이 책의 초반에서도 언급했지만, 컵 속에 빠져 있다는 것은 당신이 생각에 빠져 있음을 뜻한다. 이 질문을 통해 당신이 아직 컵 안에서 힘든 것을 볼 수도 있을 것이다. 아직 왓칭 연습이 부족할 수 있기 때문이다. 하지만 당신이 이 책을 통해서 '아, 왓칭을 하면 나도 행복할 수 있겠구나!'라는 생각이 조금이라도 들었다면 '왓처의 길'로 들어섰다고 본다. 자신과 세상에 대한 원망과 분노가 있다고 해도 그것을 어떻게 해결해야 할지 몰랐는데, 다만 조금이라도 그 방법에 대한 실마리를 보았다면 만족한다. 그리고 왓칭을 좀 더 연습하다 보면 스스로 그 문제를 해결할 지혜를 얻게 되리라 믿는다.

자신이 컵 속에 있는 것과 그것을 바라보는 것을 조그만 차이라 생각할 수도 있다. 그러나 그 결과에서는 엄청난 차이를 가져온다. 컵이라는 좁은 세상에 빠지게 되면 세상사의 괴로움 속에서 한계를 느끼는 삶을 살게 되나, 그것을 왓칭하게 되면 자신이 주인이 되어 자신이 원하는 인생을 주도적으로 살게 된다. 그것을 좀 과장되게 표현하면 부정적인 마음의 감옥 안에서 살 것인가, 아니면 자유로운 세상에서 즐기며 살 것인가가 왓칭으로 결정이 난다고도 할 수 있다.

꿈의 실현, 괴로움에서의 탈피, 무한한 능력, 모든 것에서의 자유, 이유 없는 행복, 이유 없는 사랑 등 삶에서 최고의 것들을 누리려면 왓칭이 꼭 필요하다. 아직도 컵 속에서 괴로운 자신이 느껴진다면 이 책에서 자신이 부족한 부분을 다시 읽고, 왓처로서 왓칭을 계속 실천해 보길 진심으로 바란다.

《왓처 2》 예고

소망 이루기
원리 공개!

W A T C H E R

소망이루기는
양(+)과 음(-)의 조화!

《왓처 2》 내용 소개

처음에 《왓처》를 기획하며 왓칭 방법과 소망 이루기를 같이 집필했으나 내용이 너무나 방대했다. 그리고 왓칭을 제대로 익힌 후에 소망 이루기에 접근하는 것이 더 효율적일 것 같아 책을 두 편으로 나누게 되었다. 다음번에 나오게 될 《왓처 2》에서는 왓칭으로 소망을 이루는 방법과 그 원리, 그리고 많은 사람의 관심사인 돈, 성공, 인간관계, 건강, 자신감 등 왓칭을 실생활에 적용하는 방법들에 대한 이야기를 풀어갈 예정이다. 출간 전이지만 왓칭으로 소망을 이루는 방법에 대해 궁금해 하는 분들이 많아, 이번 책에서 왓칭으로 소망이 이루어지는 근본 원리에 대해 잠깐 밝혀보도록 하겠다. 앞으로 나오게 될 《왓처 2》도 많은 기대와 응원을 부탁드린다.

끌어당김으로 소망 이루기가 잘되지 않는 이유

끌어당김의 법칙으로 자신이 원하는 것은 무엇이든 끌어당겨 올 수 있다고 하는 책들이 한때 유행했다. 하지만 현실에서 그것이 언제나 가능한 것은 아니었다. 그러면 끌어당김의 법칙은 무엇이고, 그것이 왜 될 때도 있고, 또 안 될 때도 있었는지 그 이유에 대해 알아보자.

벌판에 한 그루의 나무가 서 있다. 그리고 그 위에는 뜨거운 태양이 그 나무를 비추고 있다. 이때 돋보기를 들어 나무의 한 점을 계속해서 비추면 조금 후에 연기와 함께 그곳에서 불꽃이 피어오른다. 누구나 다 아는 사실이지만 바로 이 작용이 끌어당김의 법칙과 비슷하다. 여기서 한 점을 자신의 소망이라고 하자. 그러면 그것에 집중해 태양의 열이 모아지면 잠시 후에는 불꽃이 올라오게 된다. 즉 소망이 이루어지는 것이다. 이때 태양을 우주의 무한한 힘, 마음의 힘, 그리고 가능성이라 보면 되겠다. 이처럼 우리가 마음의 힘을 한 점에 모아 집중하면 자신이 원하는 것을 끌어당길 수 있다는 것이 끌어당김의 법칙이다.

태양은 모든 세상을 다 비추어 주고 있다. 즉 모두에게 가능성을 공평하게 제공하고 있다. 그러나 그 가능성의 힘을 하나로 모아 한 곳에 집중해주어야 한다. 즉 볼록렌즈가 필요하다. 원하는 것에 집중하게 해주는 심상화는 그 볼록렌즈와 같은 역할을 한다.

이러한 끌어당김의 법칙에 따르면, 원하는 것에 집중하면 그 소망이 이루어져야 하나 그것이 일어나지는 않을 때가 더 많은 것이 현실이다. 그렇다면 그 이유가 무엇일까? 그것은 아래의 그림처럼 나무 위로 먹구름이 끼여서 태양의 빛을 가려버리기 때문이다. 그 먹구름은

주로 부정적인 생각들을 말한다.

'이루어지지 않을 것 같아! 자신이 없어!'

원하는 것을 끌어당기려고만 하면 이런 생각들이 계속 생겨나 마음의 힘(가능성)을 막아버린다. 그러면 실제로도 소망이 이루어지지 않는다. 그러나 지금부터는 걱정할 필요 없다. 당신에게는 부정적인 생각을 흘려버릴 왓칭 방법인 '생각클리어'가 있지 않은가. 앞으로 '안 된다'라는 생각은 생각클리어로 흘려버리고, 몇 가지 중요한 요소들을 더 익힌다면 당신이 소망을 이룰 수 있는 확률은 더 높아지게 될 것이다.

왓칭으로 소망을 이루는 원리 공개

항상 궁금한 점이 있었다. 원하는 것에 집중하라는 끌어당김의 법칙이 있는 반면에, 스님들이나 마음공부를 하는 사람들은 그런 욕망을 가지고 있기 때문에 마음이 불편한 것이니 그것을 모두 내려놓으라고 한다는 점이었다. 물론 스님들처럼 모든 것을 다 내려놓는다면 마음은 편해질 것이다. 그러나 이 세상을 살아가려면 돈도 필요하고 어쨌든 성공도 이루어야 한다. 가만히 앉아만 있다고 될 일은 아니다. 하지만 그렇다고 억지로 노력하고 애쓰다 보니 원하는 것이 이루어지지도 않을뿐더러 그 실망감과 스트레스는 더 커졌다. 이렇게 서로 다른 방향의 갈림길 앞에서 완전히 길을 잃은 느낌이었다.

그 후 왓칭을 통해 마음은 편해졌으나 남들이 보기에 돈도 많이 벌고 유명해지는 그런 성공한 삶은 아니었다. 그렇다고 그런 성공에 집

착하는 것은 아니다. 하지만 이 공부를 시작하면서 무엇이든 마음먹으면 이룰 수 있는 마음의 능력을 쓰는 방법에 대해 정말 알고 싶었다. 누구나 소망하는 것을 이룰 수 있는 그 비밀의 문을 여는 법칙은 분명히 어디엔가는 존재할 것이 믿었다. 예전에는 이것을 연금술이라 불렀다. 결국 소망을 이루어 주는 연금술, 그 비밀에 다가갔고 내가 알아낸 그것을 지금부터 이 책에서 처음으로 공개하고자 한다.

앞에서 말한 원하는 것에 집중하라는 뜻의 '집중하기'와 그런 마음을 다 내려놓으라는 뜻의 '내려놓기'는 거의 반대의 개념이다. 그럼 왜 이렇게 반대의 개념이 서로 상충하게 존재하는 것인가? 그 해답은 다름 아닌 '자연의 법칙'에 있다. 누구나 알고 있는 자연계에 존재하는 가장 절대적인 법칙, 양과 음의 법칙이다.

여기에서 '집중하기'는 양의 성질로 'HOT'을 상징하고, '내려놓기'는 음의 성질로 'COOL'을 의미한다. 자연계에는 언제나 양과 음이 있어 그 두 가지가 서로 조화롭게 합쳐져 새로운 창조가 일어난다. 인간도 남자와 여자가 만나 조화를 이루고 사랑을 해야 새로운 생명이 태어나지 않는가. 이것을 깨닫고 나니 소망을 이루는 문제가 드디어 하나씩 풀려나갔다. 그런 이유로 서로 상충하는 것 같은 반대의 두 가지 원리가 함께 공존했던 것이다.

그럼 두 가지 원리를 어떻게 조화롭게 합칠 수 있을까? 남녀 간에 아이를 만드는 과정을 살펴보면 쉽게 이해된다. 남녀가 만나서 사랑을 하면 아기가 잉태된다. 그때 남자는 한 번의 발산을 하게 되고, 여자는 그 씨앗을 약 10개월 동안 품어서 드디어 아기가 탄생한다. 여기서 그 역할의 비중을 보면 여자의 역할이 남자보다 훨씬 더 크다. 즉

‘내려놓기’의 비중이 ‘집중하기’보다 더 크다고 할 수 있다.

그러나 이런 사실을 몰랐던 우리들은 소망을 이루고자 할 때 집중하기에만 전력투구했다. 물론 집중하기도 하나의 중요한 요소다. 하지만 집중하기 하나만으로는 소망 이루기의 50%에도 다가갈 수 없다. 이제 조금씩 진실이 드러난다. 이제까지 왜 그렇게 소망 이루기가 어려웠는지 이해가 된다. 내려놓기가 더 중요한 요소이다 보니 처음에 작은 소망을 부담 없이 원했을 때는 잘 이루어졌지만, 정작 중요하다고 생각되는 큰 소망은 이루어지지 않았던 것이다.

여성이 아이를 잉태했을 때부터 태어나기까지 약 10달이 걸린다. 이때 잘못하면 중간에 유산이 될 수도 있다. 이처럼 소망 이루기도 중도에 유산이 되지 않도록 해야 한다. 부정적인 생각이나 감정에 공격당하지 않게 잘 보호해야 한다. 또한 아기가 잉태되는 것처럼, 처음 소망을 빌 때 그 소망도 같이 잉태될 수 있다는 사실을 알아야 한다. 물론 남녀가 사랑한다고 해서 백 프로 임신이 되는 것은 아니지만 그 가능성은 시작된다는 것이다. 그 가능성을 사전에 아는 방법이 ‘전조’다. 그것은 소망하는 일이 일어나기 전에 벌써 그런 징조를 느낀다는 것이다. 어떠한 증상이 있음을 느끼고 나서 임신한 사실을 병원에 가 확인할 수 있는 것처럼 말이다.

앞으로 이 전조를 통해 소망 이루기가 현재 잘 진행되고 있는지, 아니면 안 되고 있는지를 점검하는 방법도 알려줄 것이다. 그리고 왓칭으로 소망을 이루는 더 자세한 방법들과 잘되지 않을 때의 해결 방법 등 왓칭으로 소망 이루기의 전 내용을《왓처 2》에서 공개할 것이다. 그럼 왓처 2편에서 다시 만나도록 하자.

부록

W A T C H E R

나는 잘 할 수 있습니다,
성공할 수 있습니다.

세상에 좋은 사람과
나쁜 사람이 있는 것이 아니라,

좋은 사람이라는 생각과
나쁜 사람이라는 생각이 있을 뿐이다.

WATCHER

연습 1

자신을 괴롭히고 있는 생각 점검해보기

• • •

최근 자신의 생각 중에서 자신을 괴롭히고 있는 생각들을 노트에 적어보고, 그것들이 정말 정확한 사실을 말하고 있는지 스스로에게 묻고 객관적인 답을 적어보자. 이런 과정을 통해 부정적인 생각들이 정확한 사실을 말하고 있지 않음을 제대로 알아야 한다.

생각은 단지 추정해서 말하고 있을 뿐이다. 그런 생각을 믿고 따를 때 자신의 가능성도 그만큼 줄어든다. 지금부터 생각을 다시 점검해보자. 그것이 왓칭 연습의 시작이다.

실천 1

대부분의 사람이 괴로워하는 생각 4가지를 질문과 그 답을 따라가며, 그 생각이 정확한 사실인지 점검해본다.

생각 A | 내가 과연 성공할 수 있을까? 능력이 부족하다고 생각되어 자신이 없다. 남들보다 늦었다는 생각에 더 조급해진다.

▶ 그것은 정확한 사실이 아니다. 자신감이 있다고 다 성공하는 것도 아니고 자신감이 없다고 다 실패하는 것도 아니다. 오히려 그런 부정적인 생각에서 벗어나 긍정적인 생각에 집중하는 것이 더 효과적이다. 대부분의 성공한 사람들이 별 볼 일 없는 사람에서부터 시작해 수많은 시행착오와 실패 끝에 성공했다. 이제부터 왓칭으로 부정적인 생각을 흘려

버리고 긍정적인 생각에 집중한다면 성공이 머지않을 것이다. 그런 방법으로 긍정적인 마음을 선택하는 것으로 점차 성공에 다가갈 수 있다고 생각하는가? (**Yes**, **No**)

Yes 탈출

No 그것이 아니라면, 앞으로 성공했을 때 오히려 그것을 감당하기 어려울 것 같아 현재에 안주하고 싶어 하는 것은 아닌가? (Yes, No)

▶ **Yes** 현재에 완전히 만족해 산다면 그것은 가장 훌륭한 일일 것이다. 하지만 현재에 불만이 있는데도 용기가 부족해 도전하지 못한다면 그것은 무척 안타까운 일이다. 자신이 태어난 곳에서 벗어나지 못하고 평생을 사는 사람과 해외여행을 통해 다시금 자신을 새롭게 보게 되는 것에는 큰 차이가 있다. 이처럼 자신이 새로운 것에 도전할 용기가 있는지 되물어보고 이 책을 통해 그 용기를 되찾도록 해보자. 아마 이 책을 따라서 왓칭을 계속 실천하다 보면 새롭게 변화된 자신을 만날 수 있게 될 것이다.

▶ **No** 성공하기 어렵다는 것에 대한 자신만의 이유가 있다면, 그것을 위의 방법과 같이 객관적으로 관찰하며 그것이 정확한 사실인지 다시 한번 살펴보자.

생각 B | 과거의 실패가 미래에도 계속될 것 같다. 과거에서 벗어나지 못하는 내가 싫다.

▶ 그것은 정확한 사실이 아니다. 다시 말해 과거의 실패가 꼭 미래에도 계속되는 것은 아니다. 만 번 이상의 실패를 거듭한 끝에 성공한 에디슨을 생각해보면 이해가 될 것이다. 자신이 그것에 벗어나 영향을 받지

않는다면 당신의 미래도 그것에 영향을 받지 않는다. 과거에 성공을 했든 실패를 했든 그것은 하나의 사건일 뿐이다. 그런데 그것을 나쁜 일로 판단하고 규정짓고 포장하고 강화해 자신을 괴롭히는 것이 바로 생각이다. 당신이 그 생각에 동조하는 한, 그것은 더 큰 괴물이 되어 당신을 괴롭히게 된다. 어떤 사람에게는 별일이 아닌 일이 자신에게는 아주 괴로운 일로 가슴에 새겨지게 되는 것이다. 당신이 앞으로 왓칭으로 그 부정적 생각에서 벗어난다면 당신의 과거에 대해 영향받지 않게 될 것이다. 만약 그것을 따른다면, 앞으로 과거의 영향에서 점차로 벗어날 수 있다고 생각하는가? (**Yes**, **No**)

Yes 탈출

No 그것을 받아들일 수 없다면, 과거에 어떤 일로 크게 상처를 입은 것이 아직도 치유되지 않아 자신이 없는 것은 아닌가? (**Yes**, **No**)

▶ **Yes** 과거에 대한 상처 치유는 제5장 부정적인 감정 치유하기 코너를 통해 해소하도록 하자. 마음의 상처는 단기간에 치유되는 것이 아니기 때문에 꾸준히 사랑의 왓칭으로 여러 차례에 걸쳐 치유해주어야 한다.

▶ **No** 과거에서 벗어날 수 없다는 것에 대한 자신만의 이유가 있다면, 그것을 위의 방법과 같이 객관적으로 관찰하며 그것이 정확한 사실인지 다시 한번 살펴보자.

생각 C | 나는 인간관계를 잘못해 사람들을 만나는 것이 두렵다. 많은 사람 앞에서 긴장하는 내가 싫다.

▶ 그것은 정확한 사실이 아니다. 다시 말해 인간관계를 못 한다고 사람을

만나는 것이 누구에게나 두려운 것은 아니다. 처음에 두렵더라도 사람들 앞에서 솔직히 인정하고 배우는 자세를 보인다면, 다른 사람들도 당신을 좋게 보아줄 것이다. 만약 그런 사실을 인정한다면, 앞으로 인간관계에 대한 당신의 태도를 긍정적으로 바꿀 수 있다고 생각하는가? (**Yes**, **No**)

Yes 탈출

No 그러면 그것이 사람들에게 거절당할지도 모른다는 두려움 때문이 아닌가? 그것을 받아들이기 싫은 것이 아닌가? (Yes, No)

▶ **Yes** 누구나 거절당하지 않는 것은 아니다. 거절당하는 것이 결코 인간관계의 끝을 의미하는 것은 아니다. 대부분의 사람이 그렇게 상처를 입으며 인간관계를 배워 나간다. 그것을 통해 상대에 대한 배려와 사랑을 배울 수 있다. 반대로 당신도 상대에게 상처를 입힌 적이 있지 않은가? 서로 그런 것을 통해 받아들임의 자세를 익힌다면, 인간관계에 조금씩 자신감을 가질 수 있을 것이다.

▶ **No** 거절당하는 두려움이 아니라면, 인간관계에 익숙하지 않아 그것이 좀 어색한 것이 아닌가? (**Yes**, **No**)

▶▶ **Yes** 익숙하지 않다는 것은 어색하다는 것의 의미도 있겠지만, 새롭게 멋진 관계를 만들 가능성도 있다는 말이다. 이처럼 인간관계란 조금씩 만들어 나가는 것이다. 그러다 보면 그것이 자라나 큰 나무가 될 수도 있기에 좀 더 마음을 열고 만나보면 좋을 것이다.

▶▶ **No** 두 가지 이유가 아니라면, 과거에 인간관계로 크게 상처를 입은 것이 아직도 치유되지 않아 거부감이 드는 것은 아닌가? (**Yes**, **No**)

▶▶▶ **Yes** 인간관계에 대한 상처 치유는 제5장 부정적인 감정 치유하기 코너를 통해 해소하도록 하자. 마음의 상처는 단기간에 치유되는 것이 아니기 때문에 꾸준히 사랑의 왓칭으로 여러 차례에 걸쳐 치유해주어야 한다.

▶▶▶ **No** 인간관계에 대해 자신이 없다는 것에 대한 자신만의 이유가 있다면, 그것을 위의 방법과 같이 객관적으로 관찰하며 그것이 정말로 정확한 사실인지 다시 한번 살펴보자.

생각 D | 어떤 일이든지 완벽하게 못할 것 같으면 마음이 꺼림칙하고 불편하다.

▶ 그것은 정확한 사실이 아니다. 누구나 완벽할 수는 없다. 설령 완벽했다고 하더라도, 그것보다 더 나은 결과가 없다고 단언할 수는 없다. 잘했든 못했든 결과물에는 매번 아쉬움이 남는 법이다. 물론 잘하는 것도 중요하지만 최선을 다했다면 그만큼 성장한 것이고, 다음에는 더 질 좋은 결과물을 낼 수도 있을 것이다. 그리고 일을 완벽하게 해내는 사람들이 있더라도, 처음부터 그렇지는 않았을 것이다. 오히려 많은 실패로 인해 실패하지 않는 법을 배운 것이다. 당신도 역시 그렇게 될 가능성이 있다. 그렇다고 생각하지 않는가? (**Yes**, **No**)

Yes 탈출

No 그것이 아니라면, 지금 자신의 능력에 대한 믿음이 부족한 것은 아닌가? (**Yes**, **No**)

▶ **Yes** 누구나 내면에는 무한한 능력이 잠재되어 있다. 그것을 믿고 집중하면 영감을 통해 더 좋은 아이디어를 받을 수 있다. 자신도 모르

게 집중을 해 과거에 좋은 결과를 얻은 적이 있지 않았나? 그런 작은 성공들이 자신에 대한 믿음을 올려줄 것이다. 그것을 찾아 집중해보자.

▶ **No** 만약 그게 아니라면, 혹시 완벽한 결과를 내지 못해 남들이 자신을 무시할까 봐 두려운 것이 아닌가? (**Yes**, **No**)

▶▶ **Yes** 사람은 누구나 평가 기준이 있다. 하지만 그 사람들의 평가 기준이 모두 옳았던가? 모두가 아니라고 손가락질했는데, 알고 보니 마녀사냥이었던 경우는 없었는가? 이 질문에 대해 백 프로 자신 있게 대답할 사람은 없을 것이다. 또한 자신도 남들에게 상처를 준 적이 있을 것이다. 이처럼 타인들의 생각을 좇는 것은 아무런 이득이 없다. 오히려 자신을 믿고 나가는 것이 일을 이루는 더 지혜로운 방법이다.

▶▶ **No** 완벽한 일 처리 때문에 마음이 불편한 자신만의 이유가 있다면, 그것을 위의 방법과 같이 객관적으로 관찰하며 그것이 정말로 정확한 사실인지 다시 한번 살펴보자.

실천 2

다음은 자신을 괴롭히는 생각들을 생각의 유형에 따라 A, B, C, D의 네 가지로 나누고, 그 예상 질문을 써본 것이다. 그 질문에 따라 답을 적어보라. 이런 과정을 통해, 생각이 정확한 사실이라기보다는 추론에 더 가깝다는 것을 깨닫게 해주는 연습이다.

A 생각 유형 | ~ 일이 일어난다면 ~ 정말 힘들 거야!

질문 1 | 그렇게 되면 힘들어진다고 하는데, 정말 그런 일이 실제로 일어날 가능성이 얼마나 될까?

질문 2 | 만약 그 일이 일어난다고 꼭 불행하기만 할까?

질문 3 | 먼저 성공한 사람들은 그런 문제를 통해 무엇을 배웠을까?

질문 4 | 그런 일이 일어나서 힘든 것보다, 내가 그런 생각 때문에 더 힘든 것은 아닌가?

B 생각 유형 | 나는 ~을 못해. 자신이 없어!

질문 1 | 내가 ~을 못한다는 것이 정말 정확할까?

질문 2 | 먼저 성공한 사람들은 그런 생각에 어떻게 대처를 했을까?

질문 3 | 못할 것 같다는 생각만 하고 있는 것보다, 작은 행동이라도 하는 것이 더 현명하지 않을까?

질문 4 | 내가 그런 생각에 영향을 받는다면, 그것이 더 나를 자신 없게 만드는 것은 아닐까?

C 생각 유형 | ~ 하는 내가 정말 싫다.

질문 1 | 내가 그런 것을 싫어하는 진짜 이유가 무엇일까?

질문 2 | 그렇다면 세상 사람들은 모두 다 그런 것을 싫어할까?

질문 3 | 그런 것을 통해 오히려 내가 더 나아질 수도 있지 않을까?

질문 4 | 그런 생각이 나를 더 자신 없게 하는 것은 아닌가?

D 생각 유형 | 남들이 ~하는 것이 싫다. 누가 마음에 안 든다.

질문 1 | 그 사람을 싫어한다고, 과연 그 사람이 내가 원하는 방향으로 바뀔까?

질문 2 | 그 사람의 개성을 존중하고 장점을 찾는 것이 내 마음이 더 편해지는 일이 아닐까? 그렇다면 그 사람을 새롭게 보면 어떨까?

질문 3 | 사람을 정확히 본다는 것이 과연 가능할까? 내가 까다로워서 잘못 보고 있는 것은 아닐까?

질문 4 | 그 사람은 어떤 이유에서 그럴까? 내가 모르고 있는 이유가 있지는 않을까? 내가 그의 입장에 서 보면 어떻게 행동했을까?

질문 5 | 내 마음이 더 넓어진다면, 그 사람이 어떻게 보일까?

WATCHER 나!

연습 2
긍정적인 생각과 부정적인 생각을 구별해 체험해보기

• • •

당신은 부정적인 생각에 대해 대부분 알고 있다고 생각할 것이다. 하지만 이 생각도 정확하지 않을 수 있다. 또한 평상시 나쁜 생각을 그다지 많이 하지 않는다고 생각할지도 모른다. 물론 이것도 의심해보아야 한다.
다음의 긍정적인 생각들과 부정적인 생각들을 천천히 읽으며 왓칭해보자. 생각보다 자신이 긍정적인 생각에는 어색해하며, 오히려 부정적인 생각에 익숙해져 있음을 알게 될지도 모른다. 만약 그렇다면 당신에게는 '왓칭'이 꼭 필요하다.

긍정적인 생각 왓칭하기

나는 자신을 사랑합니다. 당신을 사랑합니다. 당신을 용서합니다. 나는 지금 기쁩니다. 나는 지금 행복합니다. 나는 용기가 있습니다. 나는 자신감이 있습니다. 나는 창의적인 아이디어가 있습니다. 나는 무엇이든 잘합니다. 나는 책임을 집니다. 나는 자연스럽습니다. 나는 부담이 없습니다. 나는 자격이 충분합니다. 나는 가능성이 큽니다. 다른 사람들이 잘해줍니다. 나는 운이 좋습니다. 나는 인기가 많습니다. 나는 힘이 있습니다. 나는 자랑스럽습니다. 나는 안전합니다. 나는 자유롭습니다. 나는 존중 받았습니다. 나는 평화롭습니다. 나는 강인합니다. 나는 든든합니다. 나는 어떤 일이든 할 수 있습니다. 나는 이해 받았습니다. 나는 보살핌을 받고 있습니다. 나는 감동을 하였습니다. 나는 격려를 받았습니다. 나는 지금 만족합니다. 나는 열정적입니다. 신이 납니다. 기분이 좋습니다. 다행입니다. 희망적입니다. 일체감이 듭니다. 나는 유쾌합니다. 잘되고 있습니다. 감사합니다. 고맙습니다.

부정적인 생각 왓칭하기

나는 공부를 잘해야만 해. 나는 잘하는 것이 없어. 나는 실수를 하면 안 돼. 사람들이 나를 싫어할 거야. 다른 사람들에게 인정받아야 해. 나는 못났어. 나는 못생겼어. 나는 실패할지도 몰라. 다른 사람들이 무서워. 나는 사랑받기 힘들어. 나는 너무나 걱정돼. 나는 지금 불안해. 나는 너무 창피해. 나는 부끄러워. 인생은 살 가치가 없어. 다른 사람들은 너무 이기적이야. 나에게는 문제가 너무 많아. 다른 사람들이 나를 괴롭혀. 나는 지금 만족스럽지 않아. 나는 지금 짜증 나. 남들은 나보다 더 잘해. 나는 쓸모없어. 나는 이런 상황이 싫어, 피하고 싶어. 나는 화가 나. 나는 내 생각(감정)을 숨겨야 해. 누군가가 나를 깔보고 있어. 사람들 앞에서 말하는 것은 너무 힘들어. 인생은 쉬운 것이 아니야. 나는 약해지면 안 돼. 다른 사람들은 나에게 관심이 없어. 나는 고집을 피워야 해. 그것은 불가능해. 나는 너무 약해. 나는 불행해. 나는 지금 슬퍼. 나는 지금 외로워. 나는 지금 고통을 받고 있어. 다른 사람들은 나의 부탁을 들어주지 않을 거야. 그 일은 너무 힘들어. 나는 너무 게을러. 나는 지금 겁이 나. 나는 죽고 싶어. 아무도 나의 편은 없어. 나는 예의 바르지 못해. 내가 원하는 대로 일어나는 일은 없어. 항상 나는 피해를 보아. 나는 운이 없어. 나는 오해받았어. 나는 지금 초조해. 나는 지금 부담스러워. 나는 반항적이야. 나는 지금 후회스러워. 나는 지금 억울해. 나는 지금 충격받았어. 그것이 의심스러워. 나는 지금 긴장했어. 그것이 나를 위협해. 나는 속박되어 있어. 불확실해. 나는 과소평가 받고 있어. 나는 사랑받고 있지 못해. 나는 인기가 없어. 나는 복수하고 싶어. 나는 연약해. 나는 나약해. 나는 가치가 없어. 나는 심드렁해. 나는 지금 어색해. 나는 배신을 당했어. 나는 지금 씁쓸해. 나는 지금 따분해. 나는 지금 갈등하고 있어. 나는 지금 혼란스러워. 나는 비판적이야. 나는 방어를 해야 해. 나는 실망했어. 혼내주고 싶어. 재수 없어. 나는 낙담했어. 망신스러워. 나는 예민해. 당황스러워. 나는 지금 공허해. 부러워. 지긋지긋해. 나는 정신이 나갔어. 나는 침울해. 나는 좌절했어. 나는 죄책감이 들어. 지금 절망적이야. 더는 못 버티겠어. 나는 적대적이야. 정말 굴욕적이야. 나는 상처를 받았어. 나는 상처를 주었어. 나는 묵살을 당했어. 나는 안달해. 나는 부족해. 나는 무능해. 다 무관심해. 나는 가난해. 돈은 나를 싫어해. 나는 분개했어. 나는 열등감이 들어. 나는 무식해. 울화가 치밀어. 질투가 나. 나는 무기력해. 나는 징크스가 있어. 난 지금 슬럼프야.

연습 3
왓칭 자기사랑 체크표로 나를 더 사랑하는 법

• • •

자기사랑은 자존감, 자신감과 직결되기에 매우 중요하다. 내가 있어 이 모든 것이 존재하며, 내가 있어 모든 것들을 누리게 되는 것이다. 항상 자신을 제일 앞에 두고 인생 계획을 짜야 한다. 자신이 희생해서는 행복해지기가 어렵기 때문이다. 내가 먼저 행복해진 후에 주위 사람들을 도우면 된다. 그럴 때 나의 에너지도 좋은 상태이기에 더 잘 도울 수 있다.

매일 자기사랑의 항목을 체크하며 하루 중 얼마나 자기사랑을 실천했는지 체크하고, 잘되지 않은 항목이 있다면 다음날은 좀 더 관심을 가지고 자신에게 사랑을 주는 연습을 한다.

왓칭 자기사랑 체크표는 두 가지로 만들어 보았는데 〈왓칭 자기사랑 체크표 1〉은 자기사랑을 점검하며 반성과 힐링에 중점을 두었고, 〈왓칭 자기사랑 체크표 2〉는 간단하게 자기사랑을 점검하는 목적으로 만들었다. 두 가지를 모두 해보고 자신에게 더 맞는 것을 사용하면 되겠다. 매일 하루를 마치고 잠들기 전에 체크하면 기분 좋게 잠들 수 있다.

세상에서 가장 중요한 관계는
나와 나 사이의 관계입니다.

“지금 나는 나와 행복합니까?”

왓칭 자기사랑 체크표 1

자신만 보는 것이니 솔직하게 점수를 주고, 오늘과 내일의 자기사랑과 대해 점검해본다

년 월 일 요일

	오늘의 자기사랑도 체크하기 (아주 못했으면 10점부터 0점까지)	부정 점수	내일 자기사랑을 실천한다면? (아주 좋을 것 같으면 10점부터 0점까지)	긍정 점수
1	오늘 나의 얼굴과 몸을 타인과 비교해 자책하지 않았나?		내일은 나의 얼굴과 몸을 멋지다고(예쁘다고) 칭찬해주면 얼마나 기뻐할까?	
2	오늘 나의 몸이 피곤하다고 하는데 무시하지 않았나?		내일은 나의 소중한 몸을 잘 보살펴주면 얼마나 고마워할까?	
3	오늘 지나간 말과 행동 때문에 후회하지 않았나?		내일은 지나간 일을 후회하기보다 현재에 집중하면 얼마나 능률이 오를까?	
4	오늘 미래에 대한 걱정과 불안, 두려움으로 나를 몰아가지 않았나?		내일은 미래를 걱정하기보다 현재에 집중하면 얼마나 능률이 오를까?	
5	오늘 남들보다 뒤처질까 불안해하지 않았나?		내일은 내가 힘들지만 잘하고 있다고 용기를 주면 얼마나 힘이 날까?	
6	오늘 혼자라서 외롭고 쓸쓸하거나 힘들지는 않았나?		내일은 혼자인 나이지만 내가 더 아끼고 사랑해주면 얼마나 든든해할까?	
7	오늘 나를 남들보다 밑에 두고 희생해야 된다고 생각하지 않았나?		내일은 남들보다 나를 먼저 챙겨주면 얼마나 감동할까?	
8	오늘 매사에 당당하지 못하거나 자신감이 없다고 느끼지 않았나?		내일은 나를 믿고 더 격려해주면 얼마나 자신감이 올라갈까?	
9	오늘 나는 (어떤 것, 사람, 일)에 집착해 힘들지 않았나?		내일은 집착하는 마음을 왓칭해 보내주면 얼마나 편안해질까?	
10	오늘 바쁘다고 나만을 위한 시간을 내지 못했나?		내일은 시간을 내어 나를 위해 주면 얼마나 행복해할까?	
11	오늘 매번 잘해야 한다고 나를 몰아가지 않았나?		내일은 나에게 여유를 줘 부담감에서 벗어나게 해주면 얼마나 감사해할까?	
12	오늘 나를 사랑하는 대신 남에게서 사랑을 받으려 하지 않았나?		내일은 남들을 쳐다보지 않고 나에게서 사랑을 찾으면 얼마나 당당해질까?	
13	오늘 스스로를 궁지에 몰아넣고 혼이 나야 한다고 생각하지 않았나?		내일은 나를 믿고 존중해주면 내가 얼마나 더 잘할까?	
14	오늘 나 자신을 사랑한다며 쓸데없는 자존심만 세우지 않았나?		내일은 남을 신경 써 힘을 빼앗기지 않고 나를 사랑해주면 얼마나 더 좋아질까?	
15	오늘 나 자신의 행복과 성공에 대한 확신이 올라오지 않았나?		내일은 자기사랑이 좀 더 깊어진다면 행복과 성공이 얼마나 더 가까워질까?	

왓칭 자기사랑 점검표 2

자신만 보는 것이니 솔직하게 체크하고, 오늘과 내일의 자기사랑에 대해 점검해본다.

년 월 일 요일

	오늘의 자기사랑 체크하기 (아주 못했으면 1점부터 10점까지)	점수	내일 자기사랑을 실천한다면? (아주 좋을 것 같으면 10점부터 0점까지)	점수
1	오늘 내 얼굴에 자신감을 가진 적이 있었나?		내일은 내 얼굴의 개성을 칭찬해주면 얼마나 자신감이 올라갈까?	
2	오늘 내 몸에 관심을 가진 적이 있었나?		내일은 내 소중한 몸에 관심을 가져주면 얼마나 고마워할까?	
3	오늘 내 감정에 얼마나 관심을 두고 보살펴 주었나?		내일은 내 감정을 피하지 않고 사랑의 왓칭을 해주면 얼마나 편안해질까?	
4	오늘 내 생각과 떨어져 바라본 적이 있었나?		내일은 내 생각을 왓칭해 힘든 마음을 보내주면 얼마나 기분이 좋아질까?	
5	오늘 나를 남들보다 우선 챙겨준 적이 있었나?		내일은 남들보다 나를 먼저 챙겨주면 얼마나 감동할까?	
6	오늘 나 자신에 대한 믿음이 얼마나 있었나?		내일은 나를 믿고 더 격려해주면 얼마나 용기가 날까?	
7	오늘 나만을 위한 시간을 가진 적이 있었나?		내일은 시간을 내어 나를 위해 주면 얼마나 기뻐할까?	
8	오늘 매번 잘하려는 압박에서 벗어나 나에게 얼마나 여유를 주었나?		내일은 나에게 여유를 줘 부담감에서 벗어나게 해주면 얼마나 힘이 날까?	
9	오늘 남들에게 사랑을 구하지 않고 나에게서 찾은 적이 있었나?		내일은 남들을 쳐다보지 않고 나에게서 사랑을 찾으면 얼마나 좋을까?	
10	오늘 쓸데없는 자존심을 세우기보다 스스로에 대한 자존감을 얼마나 가졌나?		남을 신경 쓰기보다 스스로를 정말 사랑해주면 얼마나 행복할까?	

연습 4
자신을 성찰하게 해주는 특별한 질문 10가지

• • •

하나의 질문이 자신을 오랜 잠에서 깨어나게 할 수도 있다. 지금, 진지하게 자신을 왓칭하며 스스로에게 질문을 던져보자. 단 한 개의 질문이라도 당신의 심장에 꽂히길 바란다.

1. 나는 내가 무엇을 모르는지 아는가?

2. 나는 어떤 문제를 가장 많이 생각하는가? 그게 정말 그렇게 중요할까?

3. 그런 생각과 떨어져 산다면, 나는 얼마나 자유로울까?

4. 나는 나에 대해 얼마만큼의 관심을 가지고 있나?

5. 나는 남에게 보이기가 아닌, 나 자신 그대로 마음껏 살아보았나?

6. 나에게 인생이란 어떤 의미인가?

7. 내일로 내 인생이 끝난다면 지금 무엇을 하고 싶나?

8. 나는 무엇을 할 때 가장 많이 웃나?

9. 나는 어떨 때 살아있음을 느끼는가?

10. 결국 나는 무엇을 위해 살고 싶은가?

| 에필로그 |

마지막 왓칭 팁과 전하는 말

'겐샤이(Genshai)'라는 고대 힌디어의 단어가 있습니다. 누군가를 대할 때 결코 그가 자신을 스스로 작게 느끼도록 대해서는 안 된다는 뜻입니다. 하지만 우리는 아직도 자신과 타인을 모두 작은 존재로 보고 있지는 않은지요.

우리 모두에게는 큰 힘과 사랑을 지닌 위대함과 신성함이 함께 하고 있습니다. 그런 이유로 이 책에서는 우리 모두를 '왓처'라 불렀습니다. 내가 나를 어떻게 바라보느냐에 따라 나 자신 또한 타인과 세상으로부터 그와 비슷한 대접을 받게 됩니다. 서로를 위대한 왓처로 보고 높은 곳에서 함께 여유 있게 세상을 바라보면 좋겠습니다.

이제까지 여러 가지 왓칭 방법을 알려드렸는데 무엇보다 실천이 중요합니다. 그것을 돕고자 마지막 팁을 전합니다. 제 강의에 오신 분 중 한 분이 강의가 끝나고 제가 강의 중에 사용한 종이컵에 제 사인을 받아가셨습니다. 그래서 그거로 무엇을 하실 거냐고 여쭈었더니, 이렇게 답을 하셨습니다.

"그 컵을 책상에 놓고서 왓칭하는 것을 항상 기억하려고 합니다."

제가 강의 중에 종이컵을 가지고 그 생각의 컵에 빠지지 말라고 설명해드렸더니, 그것이 인상에 남으신 것 같았습니다.

우리가 생각에 빠지면 괴로워질 수밖에 없습니다. 여러분도 가까운 곳에 컵을 하나 두세요. 그 컵을 항상 '생각의 컵'이라고 여기고(종이컵이면 생각이라고 겉에 쓰고), 그것이 눈에 들어오면 생각클리어를 떠올려 연습을 해보세요. 그렇게 실제로도 바라보는 왓칭을 연습하고 그런 생각에 빠지지 않겠다는 다짐도 하시길 바랍니다. 이처럼 생각을 바라보는 습관을 들이는 것이 중요합니다. 그래서 생활 속에서 계속 접할 수 있는 방법이 필요합니다. 꼭 한번 해보시길 바랍니다.

그리고 왓칭을 실천하다 보면 처음에는 잘 되더라도 다시 괴로워지는 시기가 오게 됩니다. 그때 실망하지 마시고 비가 온 뒤에 땅이 더 굳듯, 거쳐야 하는 과정이라고 받아들이는 것이 현명합니다. 그런 과정을 이 책을 다시 보며 슬기롭게 잘 통과하시길 바랍니다.

마지막으로 이 책이 나오기까지 도와주신 모든 분과 〈왓칭을 공부하는 사람들〉 카페 회원분들에게 진심으로 감사를 전합니다. 그리고 솔직하게 부탁드립니다. 모두가 행복한 능력자의 삶을 누릴 수 있도록 주위 분들에게도 이 책을 추천해주세요. 당신의 말 한 마디가 큰 힘을 될 것입니다. 저도 그 보답으로 이 책의 수익금 중 일부를 사회의 힘든 곳에 기부하겠습니다. 그럼 항상 왓칭하며 능력자 왓처로서 행복한 하루하루 되시길 진심으로 기원합니다. 감사합니다.

WATCHER
생각을 뛰어넘는 능력자 되기

개정 1판 1쇄 인쇄 | 2019년 6월 5일
개정 1판 1쇄 발행 | 2019년 6월 12일

지은이 | 윤석준
펴낸이 | 윤석준
일러스트 | 김동현
펴낸곳 | 왓칭하우스
등 록 | 제2014-000013호(2014년 11월 5일)
주 소 | 경기도 과천시 부림로2, 916-101
전 화 | 010-4577-2685
이메일 | tclear@naver.com

ISBN 979-11-954073-5-4 03190

· 값은 뒤표지에 표기되어 있습니다.
· 잘못된 책은 구입하신 곳에서 바꿔드립니다.

이 도서의 국립중앙도서관 출판예정도서목록(CIP)은 서지정보유통지원시스템 홈페이지(http://seoji.nl.go.kr)와 국가자료종합목록 구축시스템(http://kolis-net.nl.go.kr)에서 이용하실 수 있습니다.
(CIP제어번호 : CIP2019020812)